上場がむしゃら物語

亀井浩
KAMEI HIROSHI

建設現場の職人が
社長になり、
東証マザーズに
上場できた理由

幻冬舎MC

建設現場の職人が社長になり、
東証マザーズに上場できた理由

上場がむしゃら物語

はじめに

学歴もない。コネもない。もちろんお金もない。だから何をしてもうまくいかない。どうせ出世もできない。

そう考えてしまう人は、少なくないかもしれません。うまくいかないのを周囲の環境や他人のせいにして、自らは努力することなく、のちのちに振り返ったときに「仕方なかったのだ」と自分に言い聞かせます。このように諦めてしまうのは簡単なことですが、本当はつかめるはずだったチャンスまでも自ら手放していると考えれば、本当にもったいないことだと思います。

現在僕は、大分県を中心に九州・四国で住宅・マンションの建築・販売などを手掛ける不動産会社を営んでいます。２００６年に創業し、２年後には当時の日本最速となる17カ月での株式公開を行い、その６年後に東証マザーズ（当時）に上場し、現在はＭ＆Ａも手掛けながら事業拡大を図っています。

今でこそ上場企業の社長という肩書ですが、僕自身、学歴もない、コネもない、お金もないところからのスタートでした。人一倍の劣等感を抱えながら「有名になりたい、自分の会社をもちたい」という野心を抱え、コンプレックスをバネにがむしゃらに働き続けた結果、なんとか現在地にいます。

僕の人生における最初の転機は高専をやめて仕事を探し始めた頃のことです。中卒という学歴のせいで仕事の選択肢は限られるなか、塗装職人の道に入ったのを機に、18歳のときに床の職人として独立しました。その後、手間請けの職人から内装業、店装業、リフォームから新築住宅と、建設業・不動産業へと事業を拡大していきましたが、会社経営は決して甘いものではありません。とある事件をきっかけに会社が窮地に追い込まれ、身売りを余儀なくされたのです。

一度築き上げたものはなくなり、また一からのやり直しです。身売り先の子会社の雇われ社長のポジションは約束されていたため、そこでずっと安泰な生活を送ろうかという思いも一瞬よぎりました。それでもやはり、少年時代からの野心が消えることはなかったのです。「もう一度、独立する」――。あることがきっかけでその決意を胸に秘め、5年後に二度目の独立を果たしました。

それからも山あり谷ありの連続です。2008年にはリーマンショックがあり、売上は半減するなど大打撃を受けました。債務超過に陥りかけましたが、それまでの主力だった投資用マンション事業から若者をターゲットにした建売事業にシフトするという選択と集中で乗り越え、上場という一つの目標を達成することができました。

今、これまでの道のりを振り返っても、僕自身に特別な才能があったとは決して思いません。学歴も、コネもお金も何もない地点から、とにかくがむしゃらに一途に取組み、折々で人の助けも受けながらなんとかここまでやってこられました。

本書は僕の人生を振り返りながら、経営に対する基本的な考え方をまとめています。この一冊が一人でも多くのステークホルダーの皆さまに届くだけでなく、学歴やコネ、お金などに縁がなく、貧しい家庭環境で育った若者たちにとって少しでもヒントが得られるものになることを切に願っています。

とにかく、まずは一歩踏み出してほしい。物語はそこから始まるのです。

CONTENTS

第2章

独立を目指し、がむしゃらに走り続けた下積み時代

第3章

学歴・コネ・金なし
10代で挑んだ独立起業

第4章

拡大路線からまさか……
一気に突き落とされた奈落の底

第5章

苦渋の決断、オーナー社長から雇われ社長へ

第6章

再起、念願の東証マザーズ上場

第7章

上場の夢を叶え、未来へバトンをつなぐ

序章

世間の常識すら知らなかった男が

鳴らした
上場の鐘

万感の打鐘

鳴り響く鐘の音、笑顔で祝福してくれる仲間たち。人生で最も記憶に残っている日を尋ねられたら、僕は迷うことなくこの日だと答えます。

２０１４年12月、東京の日本橋兜町。東証アローズ内に設置された金の鐘を、万感の思いで５回鳴らしました。この瞬間をどれだけ待ち望んだことか……。東証マザーズ（当時）への上場という20年来の夢が、とうとう叶ったのです。

ここまでの道程は苦難の連続でした。２００６年に不動産事業を手掛ける会社を立ち上げ、17ケ月後には当時日本最速となるスピードで株式公開を行いました。創業時から監査法人と契約し、監査費用に加えて非常勤の取締役や監査役を置くなど福岡証券取引所Q-Board市場を経由した東証マザーズ上場への準備を進めていましたが、２００８年にリーマンショックの影響により売上は半減し赤字に陥ってしまったのです。

当時の監査役からは、一度このタイミングで上場の旗を降ろしたらどうかと打診されました。業績の状況を見れば当然の判断です。しかし上場を一度断念した他の企業が、その後いくら再起を図っても結局頓挫してしまったというケースをいくつも見てきました。同じ轍を踏んではならない、そして何より20代から目標だった目標を諦めたくない――。そのため、監査役の提案をかたくなに拒否し、旗は降ろさずにタイミングを待つ覚悟を固めました。

「待つ」とはいっても、ただ単に座しているわけではありません。当初の計画どおり、まずは福岡証券取引所Q-Board市場の上場に向けて着々と準備を進めたのです。

これは九州、四国、近畿などに本社を構える、特に新興企業向けの株式市場です。東証マザーズは難しくても、今の自分が立てるステージで企業の知名度や信用力を向上させ、新たなビジネスチャンスを創出しようと考えました。そして創業から6年を経た２０１２年12月にQ-Board市場に上場したのです。

それから2年後の2014年12月22日、僕は念願の東証マザーズ上場を果たし、金の鐘を鳴らしました。学歴もコネもなく、ただ必死に、がむしゃらに走り続けてきた結果、東証上場という夢を叶えることができ、大きな達成感と安ど感に包まれていました。

がむしゃらの原点

「上場企業の社長」――。そう聞けば、これまでに最速・最適で成功体験を積み重ねてきたという煌びやかなイメージを抱く人もいるかもしれません。しかし実際は、煌びやかとは対照的な過酷な道のりを歩んできました。

人生の成功哲学について偉そうなことはいえませんが、唯一自信をもって断言できるのは、「がむしゃら」に生き続ければどんなに困難な局面でも打開できるということです。腐らずにやり続ければ、いつかその努力は報われます。逆に今までなんら努力をしていないのに、自分の人生が思いどおりにならないと思うのは見当違いもいいところです。世の理は、常に因果応報です。江戸時代に国学者・言語学者として活躍した本居宣長も、次のような言葉を残しています。

「不才なりと云えども　怠らず努めだにすれば　それなりの功はあるものなり」

僕自身、高専を1年で中退し最終学歴は中卒です。大人になって通信制高校を卒業しましたが、当時は学歴もコネもないまさに「不才」でした。それでも、がむしゃらな生き方を貫いたからこそ逆境を乗り越えることができたのです。

がむしゃらの「原点」は幼少期にあります。貧しい家庭に生まれ10歳のときには両親が離婚し、その後は母1人子2人の母子家庭に育ちました。親に欲しいものをいえばすぐに買ってもらえるようなことは決してありません。新聞配達のアルバイトで地道に小遣いを稼ぎ、欲しいものがあれば自分が働いたお金で買うというのが当たり前でした。

裕福な家庭の同級生たちがうらやましくなかったといったらうそになります。ただ貧しい母子家庭で育ったからこそ、人一倍のハングリー精神が養われました。人よりも目立ちたい、誰もやったことがないことを成し遂げたい――。こうしたギラギラの〝野心〟が、のちに職人として独立することや起業、そして上場を目指すうえで大きなモチベーションになったのは間違いありません。

諦めることへの恐怖

がむしゃらを貫いて生きようと思っても、壁にぶち当たったときは「もうダメかもしれない……」と心が折れそうになります。中卒という学歴で職探しに難航したとき、会社を立ち上げるも身売りを決断したとき、上場まで目前と迫るもリーマンショックに見舞われて頓挫したとき……。八方ふさがりで全部投げ出したいと思ったのは一度や二度ではありませんでした。

そう心に魔が差すと同時に、諦めてしまうことの恐怖がこみあげてくるのです。匙を投げてしまうと、その一瞬だけは確かに楽になると思います。ただ生きる目標を失った人間は、その後は何を生きがいにすればいいのか路頭に迷うことになります。「あのときの決断は正しかった」「仕方なかった」と理由をつけて自分を納得させることも確かに可能です。ただ、自分の本心に背くような選択を一度してしまうと、その思考がクセになって再びチャンレジする原動力が失われると考えています。上場企業の社長、一流アスリート、芸能人……。自分の夢を叶えた人たちの多くが、一度自分で決めたことは必ずやり遂げるという執念をもって困難なことにも真正面から立ち向かってきたはずです。

実際、一度目の起業では会社を身売りして子会社になる決断をしました。経営という観点でいえば、はっきりいって失敗です。その際には、子会社の社長という安泰のポジションを確保してもらい、再度独立して上場を果たすという夢を諦める決断も十分ありえました。

ちょうどそのときも、もう無理をする必要もないのかと考える一方で、このまま諦めてしまって良いのかと問いかけてくる自分がいるのです。思ったような成果を上げられず途中で歩みを止めてしまうと、それは紛れもなく失敗です。ただ失敗という経験から得た教訓を踏まえて再起し、結果的にゴールにたどり着くことができたなら、それは失敗ではなく成功のための過程だったと振り返ることができます。

失敗を失敗のまま終わらせないためにはどうすればいいのか……。逆境に立たされたときの僕の思考パターンは、すべてこれに尽きると断言できます。こうして、子会社の社長に就いた際も、二度目の独立を果たし上場すると誓い、身売りから4年半後に子会社の社長の職を辞することを決断したのです。

がむしゃらな人生に回り道など存在しない

未成年での喫煙、飲酒、1年での高専中退……。学校には行かずディスコ通いやバイクに明け暮れ、職探しに苦労した末に塗装の職人として社会に飛びこみ、過酷な労働環境のなかで必死に働き続け、床の職人として独立したというエピソードが僕の少年時代です。

見る人からすれば、上場企業の社長になるまでの道のりとしては随分と回り道だと感じると思います。しかし、僕自身は無駄な過程など一切なかったと胸を張って言えるのです。貧しい母子家庭で育ったことも人一倍の負けん気とハングリー精神を培うためには必要な成育環境でした。高専を中退し職人の世界に入ったことも、十人十色の親方たちの仕事観と触れ合う時間を過ごすことができ、学校では得ることのできない財産になりました。

会社を身売りし子会社の社長になってからは経営のイロハを学ぶことができ、今の自分の血肉になっています。仕事の価値観は大きく転換しました。一度目の独立時には、誰よりも目立ちたいという功名心ありきでしたが、二度目の独立では事業を通じていかに社会貢献ができるか、その事業には大義名分があるのかという考えに変わっていました。自分の利益でなく、社員や社会を幸せにするためにはどう動くべきなのかという一心で上場へと突き進んだのです。この変化も、一度経営を失敗しなければ気が付くことはできませんでした。

一意専心でがむしゃらに物事を取り組み続けることで、回り道や遠回りなどは存在しなくなります。これからの行き先に迷ったときは、自分の本心を見つめ直し、モチベーションを新たにすることが大切なのです。

学歴もコネもカネもなく遊び回っていた当時を思えば、今の姿は到底想像できません。ですが、昔から一貫して変わらない「がむしゃらさ」があったからこそ、どんな高い壁を前にしても屈することなく大きな目標も実現することができ、これまでの道程も無駄ではなかったと言い切ることができるのです。

第 1 章

「中卒」に突き付けられた 厳しい現実

「中卒」という烙印

「ここも無理なのか……」

別府の公共職業安定所の壁にずらりと貼られた求人票を前に、僕はため息交じりにこぼしました。「高収入」「社会保険完備」などの魅力的なワードが記載された求人票に手を伸ばしてもみても、どれも学歴の欄には「高卒以上」と書かれていて中卒の僕はその時点で諦めるしかありません。学歴不問とうたわれているのは建設現場の職人か飲食関係の仕事ぐらいで、応募資格があるものは数百ある求人票のうちほんの数える程度しかなかったのです。

当時の僕はろくに学校にも行かずディスコに入り浸り、未成年だというのに飲酒や喫煙は当たり前の毎日、朝帰りという生活を送っていました。

そんな僕の周りには自然と同じような仲間が集まります。彼らは自分よりも年長者で、みな仕事はしていましたが大きな夢や目標もなく、僕はそんな退屈な日々からなんとか抜け出さなくてはと考えるようになりました。そこで仕事を探そうと思い立ち、職業安定所に行き仕事探しを始めたのです。中退してからわずか数日後のことでした。

飲食関係の仕事は、仕事のイメージもある程度描くことができました。しかし職業安定所を訪ねた理由は、安定した「かたい」仕事を見つけるためです。飲食関係以外に働ける就職先がないかくまなく求人票をチェックしていくなかで、建設現場の職人の求人票が目に入りました。手に職をつけたほうが将来役に立つのではないかという考えもあって、さっそく職業安定所から複数の求人先に連絡を入れてもらいましたが、中卒の16歳と告げた途端にあっけなく断られてしまうのがオチでした。

そうした職安通いの日々を繰り返していくうちに、敗北感と情けなさが日増しに大きくなっていくのを感じていました。面接を行った結果選ばれなかったというのならまだしも、電話口で中卒だと告げただけでチャンスすら与えてもらえません。中卒という烙印ではまともな仕事にも就けず、社会の一員として認めてすらもらえないのか……。決して条件をえり好みしていたわけではなく、それまでの遊びほうけた生活から脱出して胸を張れる生き方をしたかっただけなのです。しかし業種も条件も関係なく、そもそもチャンスすらないかのようでした。もちろん自分が招いた状況であることには間違いありませんが、予想を超える社会の厳しさに打ちのめされていたのです。

職業安定所に通い詰める日々が始まって数日が経とうとしていたある日、1枚の求人票に目が留まりました。求人内容は地元の塗装業の現場作業で、正社員採用での募集でした。社名にも聞き覚えがあったので調べてみると、当時テレビCMで全国的にも有名だった太陽熱温水器を扱う企業の子会社でした。知名度に加えて正社員採用という好条件を前に迷いなどいっさいありません。すぐに職業安定所の職員に連絡を入れてもらうと、これからすぐに面接をするから至急来るようにと返事をもらったのです。僕は期待に胸を膨らませて指定された場所へバイクを走らせました。

面接の席で説明をされた仕事の内容は、壁や屋根の塗り替えをするというものです。小さな社屋ながらもオフィスは整理整頓が行き届いていて、まさにイメージしていた「会社」そのものだという印象でした。採用担当者と一対一での面接も決して雰囲気は悪くありませんでしたが、当時16歳の僕はまだ自動車免許をもっておらず、面接官はその点に難色を示したのです。ここで簡単に引き下がってはいけないと思い、18歳になったらすぐに免許を取るつもりだと訴えましたが甲斐なく断られてしまいました。

ようやく自分の働ける場所が見つかったという期待が大きかった分だけ落胆も相当なものでした。担当者が面接の終了を告げてもしばらく身動きができず、まるでこの世の終わりのような暗い気持ちに沈んでしまいました。

そんな僕を見て担当者が同情したのかもしれません。おもむろに口を開き、自動車免許がなくても働ける別の仕事先を紹介してくれたのです。紹介された先は自社で下請けとして使っている職人が自分一人で親方をやっている、いわゆる一人親方の塗装店でした。正社員で会社勤めをするという僕のイメージとは離れますが、そもそも贅沢を言える立場ではありません。つなげてもらった縁に感謝してすぐに親方に連絡をして会いに行ったのです。

一人親方の塗装店は、山田塗装店という看板もないアパートの一室に構えていました。

ドアを数回ノックすると、やけに若い親方が出てきました。てっきり年配の人かと予想していただけに最初は少しだけ拍子抜けしましたが、明るく気さくなキャラクターにはすぐに親近感を覚えました。そして簡単にあいさつを済ませたあと、ほとんど真っ白の履歴書を渡すと、親方は書類に目を通すこともなく質問はたった一つだけでした。

「いつから来れるか？」

二つ返事で店を出ると帰り道に作業服などを買いそろえ、2～3日後から働くことになりました。こうして中卒の烙印を抱えながらも人に縁をつないでもらい、なんとか社会人として一歩を踏み出すことができたのです。

転々とした幼少時代

大阪で万国博覧会が開催された1970年、兵庫県加古川市で生まれた僕は4、5歳のときに福岡県北九州市に移り住みました。もともと父は加古川で土木業を営んでいたもののギャンブルや酒が大好きで多額の借金を抱えていたらしく、自宅には頻繁に借金取りが来ていました。そのため父はまったく家に寄りつくことなく、僕自身も父の顔は覚えていません。

小学校低学年の頃に北九州への転居理由について母に聞いたことがあり、父の商売がさらに悪化したため引っ越しをせざるを得なかったと浮かない表情で教えてくれました。それが夜逃げだったと分かったのは社会人になってからです。また、父が会社を潰した際に詐欺まがいのことを犯して警察に逮捕されたという話も聞いたことがありますが真偽は分かりません。とにかく父のトラブルに家族が巻き込まれることが多く、僕が10歳のときに両親が離婚し、僕は母方の祖母が住んでいた大分県別府市に引っ越すことになります。

加古川、北九州、別府と転々とする暮らしのなかで、自宅はいつも古びた長屋のようなアパートでした。母方の祖母も決して裕福ではなく、母は祖母が住む古いアパートの近くにあったみすぼらしいアパートの一室を借り、母と僕、弟の親子3人の生活が始まったのです。六畳二間でトイレは共同、当然風呂はありません。とはいっても別府は有名な温泉地であり、コロナ禍前は年間1000万人を超す観光客が訪れていました。別府市民は月1000円ほど払っていれば公民館の1階など至るところにある共同温泉に入り放題でした。僕の家族も当時は共同温泉で済ませていたため、アパートに風呂がなくても苦労することはありませんでした。

ただ、風呂の問題は解消されたとしても暮らしぶりは質素そのものです。母は手に職があるわけでもなく、スーパーマーケットのパートタイマーとして日夜働いていました。その頃の母は40代半ばでしたが性格が昔気質で、生活保護など行政からの支援を受けることを嫌ってなんとか自らの収入のみで生計を立てていました。

荒れた中学時代

中学生になると、自分と同じような母子家庭の子どもと過ごすことが多くなりました。

境遇が似ているため親近感もあり、どこの家も夜遅くまで母親が働いているため日中は部屋に誰もいません。そうして誰かの家を日替わりでたまり場にしては、大人の見よう見まねでたばこを吸うようにもなりました。夢や目標を語ることはいっさいなく、だらだらとくだらない話ばかりしていました。

遊ぶためのお金は、小学生から続けていた新聞配達で得た賃金をコツコツとためていました。小学生のときは夕刊の配達で、週６日働いて月に約５０００円。中学生になると朝刊の配達で月に約1万円しかもらえませんでした。台風が来ようと吹雪になろうと配達に休みはありません。冬はしもやけで指はひび割れ、つらかった記憶があります。

肝心な学業はというと、ろくに勉強もしない友達ばかりで周りの成績は下から数えたほうが早いという感じでした。進学校に入る選択肢など毛頭なく、中学卒業後は働くと言ってまったく勉強しない友達もいましたが、そうしたグループ内で唯一僕の成績は中の上というレベルでした。割と飲み込みが早く小学生のときから勉強もそつなくこなすタイプでしたが、トップに立てるタイプでもありません。いつも中の上くらいまでの成績は取れるのですが決してそれ以上は伸びないのです。

勉強と同じようにスポーツも一定のレベルから伸び悩みました。小学校時代は北九州のサッカーチームに所属し、基本のプレーはできるようになっていた僕は中学でもサッカー部に入部しました。当時の別府では小学生から入れるサッカーチームがなく、ほとんどの生徒がサッカー未経験で中学生でサッカーを始める者ばかりでした。こうなるとスタート地点でいちばん上手なのは当然、経験者の僕になります。決して上手ではなかったもののなんと1年生のキャプテンに抜擢されてしまいました。

そのまま真面目に練習に励んでいれば、どんどん上達してそれなりの選手になれたかもしれませんが、一定のレベルで満足してしまう性格からか、どうしても一生懸命になれません。必死に自主練習に励むようなこともありませんでした。やがてチームメートたちはめきめき上達していき、3年生時には学年内で自分がいちばん下手で、キャプテンなのに補欠ぎりぎりという立場でした。

中学最後の大会となった中体連の試合では、顧問の教師の配慮かチームメートの優しさだったのか出場しましたが達成感はみじんもありません。もっと一生懸命に取り組んでいれば違った結果だったのかもしれないという一抹の後悔を感じていました。

しかし、そうした意識も日常生活に戻ればすぐに薄らいでしまいます。部活動がなくなったあとは授業が終わればすぐさま教室を飛び出し、放課後は一段と遊びまくるようになりました。遊んでばかりいたのに高校くらいどこでも入れると軽く考えていました。試験の直前になってから本気で勉強すれば簡単に受かるはず、だからまだ本気にならなくていいと楽観視していました。友達の部屋にたむろしてはたばこを吹かし、夕方になると誰ともなく帰ろうかとその家を出ていくという、本当になにもせず漠然と時間を過ごす毎日でした。

反抗期とブレイクダンス

中学3年生のときブレイクダンスのブームが起こりました。タレントの風見慎吾（現・風見しんご）さんの「涙のtake a chance」が大ヒットし、彼が披露したブレイクダンスに熱中する若者たちが街に溢れかえっていたのです。

テレビ画面で初めてブレイクダンスを見たときは衝撃を受けたことを鮮明に覚えています。ウィンドミルという背中でくるくる回る技や頭で回転するヘッドスピンといった華麗な技の数々を目の当たりにして、すっかりブレイクダンスの魅力に取りつかれました。

放課後になると友達の家に集まって踊りの練習を始めるようになり、ダンスに没頭する日々を過ごしていた中学3年生の夏、運命を変える出会いがありました。

別府の夏はべっぷ火の海まつりという大きなイベントがあります。観光客はもちろんのこと、地元の人間も大勢集まり屋台が出たりイベントが開かれたりするのです。一方で不良少年が一斉に集まるため学校からは生徒同士では祭に行かないように注意されていたのですが、地元で最大の催しを前におとなしく従うはずもありません。意中の女の子を誘って参加するクラスメートも少なくないなか、モテない不良グループに属していた僕は男ばかりを数人とともに祭に行きました。

多種多様なイベントコーナーがにぎわいを見せる会場のなかで僕の目当てはダンスコンテストです。各チームが順番にダンスを披露する姿を舞台下から眺めていると、群を抜いて高レベルなパフォーマンスを見せる４人チームが登場し、すっかり魅了されたのです。どうにかして彼らと話をしたいと思い演技が終わるや否や舞台裏に走っていき、真っ先に声を掛けました。

面識もない少年からの直撃にもかかわらず彼らは快く対応してくれて、僕より３歳上であることや全員が高校を中退していることなどの身の上話を聞かせてくれたのです。高校を中退し自分の好きなことを突き詰めている彼らの姿が、夢も目標もなかった当時の僕には輝いて見えました。自分もブレイクダンスをしていることを明かし仲間に入れてほしいと目を輝かせて頼んだところ、彼らは少し驚いた表情を浮かべながらも歓迎してくれたのです。

あっさり迎え入れてくれた理由について彼らに後日改めて聞くことはありませんでしたが、おそらく僕の姿が浮いていたことも関係していたと思います。その頃、別府の中学生男子の頭髪は全員丸坊主です。校則も今では考えられないほど厳しいもので、少しでも髪の毛が伸びてきたらバリカンを持った教師にその場で押さえつけられて強制的に丸刈りにされていました。そのため休日に外出する際は必ずキャップを被っていて、その格好がブレイクダンスのステージの雰囲気になじんでおらず、逆に目立って面白いと感じたのだと思います。こうして彼らとの交流を通じ、中学3年の夏以降さらにダンスに没頭していくこととなります。本来であれば高校受験の準備を本格的に始める時期ですが、そうした意識はいっさいありませんでした。

新しく出会った4人の先輩はそれぞれまったく異なる生活を送っていました。キチッと働いている人もいればフリーターもいました。夕方に誰か1人の家に集まっては、タバコを吸ったりその日あったことをダラダラと話したりしてから公園に向かいます。普段の練習は地面に敷いた段ボールの上で踊るというもので、雨の日は実家が床屋を営んでいた先輩の事務所が練習場になっていました。

この頃には先輩たちに連れられて当時でいうディスコにも足を運ぶようになりました。別府には本格的なディスコがなく、そもそも狭い地元でそのような店に足を踏み入れたらすぐに中学生だとバレてしまいます。そこで坊主頭を隠すようにキャップを深く被って、別府の隣にある大分市まで遠征していたのです。

「ラブヒーロー」という店名のディスコが先輩たちのホームグラウンドで、深夜まで若者たちでにぎわう約５００人収容の大型施設でした。当時はダンスタイムの合間にチークタイムやショータイムが催され先輩たちのチームがよく踊っていたのですが、時々僕も参加するようになったのです。午前１時や２時に帰宅し、朝は時間どおりに起きて目をこすりながら学校に通うという日々を送っていました。

そんな息子が母親も心配でたまらなかったと思いますが、直接何かを言ってくることはありません。たばこやディスコへの出入りは薄々気づいていたはずですが、警察沙汰になるような悪いことはしないだろうと信じてくれていたのかもしれないと今は思います。

勉強もろくにせずダンス漬けの生活を送るなかで不遜にも高校進学は当然だと考えており、国立の工業高等専門学校を志望していました。地元では難関校の部類に入る学校だったため日頃の生活ぶりを知る人は全員、僕が高専を受けると聞くと驚き、大半は受かるわけがないとあきれているような様子でした。

そうした周囲の反応をよそに、僕自身は受かればもうけもの、落ちたときには県立の高校にでも行けばよいという程度に考えていました。受験前日でさえも勉強しようと机に向かおうとしたタイミングでダンスチームの先輩が酔っ払って自宅を訪ねてきたのです。前の日だけ勉強しても無駄だと言われると妙に納得してしまい、先輩の誘いに乗って一緒に酒を飲んでしまう始末でした。

とうとう一日も身を入れて受験勉強をすることがなかったものの、なんと第一志望の高専に合格したのですから人生は不思議なものです。試験の手ごたえもたいしてありませんでしたが大分高専の機械科に合格したのです。

こうして無事に高専生となったものの心機一転して勉学に励むこともありません。むしろタガが外れてますます夜遊びに熱中し、学校よりもディスコに行く回数のほうが多くなっていきました。夏休み以降はほとんど顔を出さなくなり1学年が修了するタイミングで退学届を出したのです。

その後は中卒の厳しさを感じながらもなんとか建設現場の職人として社会人の一歩を踏み出しました。当時は、いつか社長になって上場を目指すことなど夢にも思っていません。どこに向かってがむしゃらに走っていけばいいのか、その道標さえもありませんでした。

第2章

独立を目指し、
がむしゃらに走り続けた
下積み時代

塗装の世界へ飛び込む

最初の勤め先となった山田塗装店は一人親方と弟の2人しかいない小さな個人商店です。当時の職人は日給額が決まっていて、1カ月のうち働いた日数分がそのまま月給となるいわゆる日給月給でした。

塗装業はとかく天候に左右される仕事で雨が降ると休みになるため、日給5000円だと雨が多い月は給料がかなり少ないときもありました。ボーナスがあるといっても小遣い程度で社会保険などもありません。働いた分だけの給料さえもらえればいいと思っていたため、この職場が世間からどれほどずれているのかを考えることもありませんでした。

仕事内容は家屋の周囲に足場を組み、壁や瓦などを塗り替えるというものです。親方は当時20代後半とまだ若く、仕事が終わると別府の繁華街である北浜に僕をよく連れて行ってくれました。親方は矢沢永吉の大ファンでスナックでは永ちゃんの曲ばかり歌い、とにかく女性からモテていました。

そんな親方が16歳の少年の目には格好良く映り、自分もいずれ独立して女性にモテたいと強く思うようになったのです。決して安定した仕事ではありませんでしたが、社会人としての人生を踏み出したばかりの僕にとってすべてが新鮮で輝いていました。

これまでは勉強やスポーツなどろくに身が入らなかった性分だったものの、仕事となると人が変わったように必死でした。朝から自宅を出て現場へ向かい、親方からイロハを叩き込まれながら夕方頃まで目一杯働いたのです。とはいっても中学時代から続く夜遊び癖は治っておらず、こりもせずに午前1時、２時まで遊んで帰宅し、３～４時間寝ては仕事に行くという日々を送っていました。

この頃になるとディスコだけでなくバイクにも熱中するようになりました。働き始めたタイミングでローンを組み、中古のバイクを購入したのです。背伸びして購入したのはカワサキのＧＰＺというバイクで、当時の不良少年の間ではホンダのＣＢＸかカワサキのＧＰＺが人気で、その流行に乗った格好でした。

当時はちょうど走り屋、ローリング族がブームになっていて峠道などを走り回っていました。僕も愛車をＧＰＺからホンダのＮＳＲに乗り換えていました。『バリバリマシン』といった走り屋専門誌も売られていて、カーブを曲がるときに膝を擦るハングオンが格好いいと思い、命の危険など顧みずスピードを競っていたのです。

走り屋同士で競っていると、ときには無理な走りをしてしまうことも少なくありませんでした。実際よく走っていた峠では毎年数人が亡くなっており、僕も目の前で死亡事故を目撃したことがあります。

たまに顔を合わせていた知り合いのライダーがカーブで死角になった箇所に停車していた車に突っ込み、意識不明の重体となり翌日亡くなりました。僕はその事故の一部始終を見ていて、今でもストップモーションのように残像が浮かぶことがあります。

また、中学校の同級生だった友人もバイク事故で亡くしました。彼は新車のバイクが納品された翌日に峠を走り、時速１６０キロほどのスピードでカーブを曲がりきれず、対向車と正面衝突し即死だったと聞いています。

彼は母一人子一人の母子家庭でした。彼の葬儀にも参列しましたが声を上げて泣きじゃくった末に失神してしまった母親の姿は見るに堪えず、涙が止まらなかったことを覚えています。

僕自身、一度だけ峠道の下りで右折車と衝突しそうになって転んでバイクが大破したことがありますが大事には至りませんでした。尊い命を落とした彼らと同じようにバイクを走らせていたことを考えれば、本当に運が良かったのだと振り返るほかありません。

大阪タコ部屋生活

勤め始めてから半年後、自宅のアパート前にあった倉庫のような部屋を月1000円で借り、そこで寝泊まり生活を始めました。初めての一人暮らしですが部屋は八畳ほどの広さで水道やトイレはありません。食事の心配もありましたが朝食は家に戻って母に食べさせてもらい、昼は母の作ってくれた弁当、夜はほとんど外食で済ませました。

肝心の仕事は半年も経つと少しばかり慣れてきて、ほかの職人と話す余裕もでき賃金などの世間相場も分かるようになってきました。もともとの給与が低いのは仕方ないにしてもネックは社会保険もない雇用形態でした。いずれ結婚したり子どもができたりしたとき、今の働き方で果たして大丈夫なのかと考えるようになりました。さまざまな不安や恐れが押し寄せてきたのです。

もっと稼げる職場に移るべきではないか、より条件のいいところを探すべきなのか……。一人で悶々とすることが増え、毎日仕事をしていても心ここにあらずの状態になってしまいました。中卒の烙印を抱え苦労して見つけた仕事だからといって執着することはありません。このままではいけないと感じたら今すぐにでも飛び出したくなるのが自分の性格です。石の上にも三年という言葉があるとおり一カ所に腰を据えて、つらくても辛抱していればやがて好転するという考え方もあります。その意味では自分の腰の落ちつかなさは欠点だと実感していましたが、日増しに大きくなる焦燥感が体を突き動かしたのです。

親方のもとで働き始めて1年が過ぎた17歳のある日、親方に辞めたいと伝えると、予想していたとおり怒られました。それを見て、辞めてこのまま地元で働くわけにはいかないように感じました。

ちょうど都会に出て働きたい思いもあったので、この機会に別府を出ることを決意しました。東京や福岡など、どこに行こうか悩んでいるうちに、次の土地でもバイクに乗りたいと考え、鈴鹿サーキットにも近い大阪に行こうと決めたのです。そこでまた職業安定所に出向き大阪府内での仕事を探すと、富田林市で塗装業の仕事が見つかり、さっそくバイクをトラックに積んで大阪へ向かいました。新たな旅立ちというほど大げさでも格好良くもありませんが、17歳の少年は意気軒高でした。

大阪行きを聞いた母は驚いて二の句も告げられない様子でしたが、しっかり働くのであれば文句はないと背中を押してくれました。高専を中退して親方のもとで働き、大阪に移り住むまでの出来事がわずか1年の間で起こりました。今振り返ると激動の1年だったと思いますが、当時はただ必死に将来を摸索していたのです。

富田林市は大阪府の南東部にあり古い寺が多い歴史のある寺社町です。市内には野球などスポーツの強豪校として全国に知られたＰＬ学園があり、勤め先から見えたＰＬ教団の巨大な塔は街のシンボルマーク的な存在でした。

この勤め先を選んだ理由は社員寮が完備されていた点です。縁もゆかりもない場所で働くと決めて、目先の最優先事項が寝泊りできる場所の確保でした。

しかし現地で待っていたのは寮とは名ばかりのボロアパートで、親方と同僚の男性と３人が一間で雑魚寝するような生活だったのです。親方と社員は自分よりもかなり年上で、男性は出稼ぎで来たような雰囲気でした。とにかく口が重い人で仕事先でも部屋でも会話をすることはほとんどありませんでした。

塗装の仕事そのものは別府でやっていたことと同じでつらくはないものの、それよりも苦痛だったのが男３人の狭いタコ部屋暮らしです。仕事が終わるとアパートに直帰して風呂に入り、食事は自炊で３人一緒のテーブルで黙々と食べます。親方も男性も夜遊びに出掛けることはなく、自分だけが抜け出すわけにもいきません。周りが夜９時には就寝するので、僕もつられて床に入ります。別府での暮らしからは考えられない生活リズムでした。

そして早起きして朝食を済ませ、３人一緒に塗装の現場に向かいます。こうした日々はほとんど苦行でしかなく、息が詰まりそうになっていったのです。

試練はさらに続きます。勤め始めて1カ月ほど経った頃、突然男性が仕事を辞めて田舎に帰ったのです。今後は親方との２人きりの生活が始まり、今まで以上に重い空気が漂うようになりました。別府の親方と違って、この親方は高齢なうえに寡黙で一緒にいても沈黙の時間が長く、17歳の僕にとっては窮屈そのものでした。

唯一の気分転換といえば別府から運んできたバイクで休日に近くの山などを走ることでした。そのうちにバイクの仲間も数人でき始めて、彼らと一緒に過ごす時間がせめてもの癒しだったのです。

バイクで知り合った同年代の一人を仕事に誘ったところ、一緒に働いてもいいと言うので、早速親方に紹介して働いてもらうことになりました

これで息苦しい雰囲気から解放されると期待したのもつかの間、数日後にトラブルが発生しました。彼はかなり血の気が多い性格で塗装の仕事を始めてすぐに親方と衝突してしまったのです。なにが原因だったのかは思い出せませんが、親方と激しい口論を交わした

末に辞めると荒い声を張り上げ、本当にそのまま辞めてしまったのです。

彼がいなくなったことでまた息の詰まる生活に逆戻りです。それを想像するだけで気が滅入り、一向に働く気が起きません。これ以上は人生の浪費だと思い、いっそのこと彼と一緒に辞めてしまおうと決めたのです。その翌日には親方に辞める旨を伝え、タコ部屋をあとにしました。勤め始めてわずか3〜4カ月後の決断でした。

一大決心の覚悟で大阪に飛び出してきて、たった数カ月で別府に帰るのはさすがに格好がつきません。かといって大阪で働こうにも寝泊まりする場所がなく、辞めたあとの1週間は知り合った友達の家に泊めてもらったほかファミリーレストランやコインランドリーで夜を明かしました。

大阪の職業安定所にも何度か足を運びましたが現実は厳しいものです。未成年で無職、自動車の運転免許もなく住所不定の自分が働けるような求人は一つもありませんでした。そんな状態が数週間続き、大阪で活路を拓くことを諦めて別府に帰ると決めました。仕事への未練はありませんが、悔やむべきは1回も鈴鹿サーキットでバイクを走らせることができなかったことです。それだけは残念でなりません。

刺激を求めて

別府に戻ったあと、いつまでもぶらぶらしているわけにはいきません。職業安定所に行こうかと考えているタイミングで、大阪から帰ってきたことを伝え聞いたダンスの先輩の一人が仕事を手伝ってくれないかと誘ってくれたのです。先輩の実家は内装業を営んでいて、先輩は床張り職人として働いていて僕は迷うことなく頭を下げました。

床張り職人の仕事とは床にビニールタイルや長尺シートやカーペットなどを貼っていくというものです。作業としては簡単ですが壁材と違って床材は重い材料を使わねばなりません。それを運ぶためには床に寸法を合わせて材料を引っ張り回さなくてはならず、これがなかなかの力仕事でした。さらに床に糊を塗って床材を敷き詰めていく際に重い床材をしわができないようにきれいに伏せていかねばなりません。床と床材の間に空気が入ると気泡として膨らんでしまい仕上がりが悪くなります。

そして最後に壁際のところで壁に合わせて床材を切る作業です。ここで丁寧に切断できるかどうかが仕上げの具合に関わります。この一連の作業をいまだに体が覚えていて新築ビルなどに入ったときはつい床に視線を走らせてしまい、仕上げが良い床を見るとなんとなくうれしい気持ちになるのです。

床張り職人の道に進み、半年後には小さな住宅のシートや手直しなどのちょっとした仕事は一人で任されるようになりました。別府に戻ってから車の免許を取得したため、現場への移動も便利になり仕事の幅が広がったのです。

床張りの仕事には一つひとつの小さな作業ごとに新たな発見や喜びがあり、やりがいも感じていました。現場の大小を問わず、それぞれに楽しさがあったのです。例えばホテルの宴会場など広い現場を3人で大きなカーペットを丁寧に張っていき、作業が完了したときの達成感はとても大きいものです。

仕事の充実感を覚える一方で遊びにも全力でした。自動車も手に入ったため今度は車で峠道を走るようになりました。ちょうどドリフトがはやりだした頃です。ドリフトは派手で見栄えもいいし迫力もあるため、皆が憧れて真似をし、峠などを走り回る車が大勢いました。僕も乗り慣れたバイクから車に代え、同じ峠を毎日走るようになったのです。

土曜日の夜ともなると峠にはギャラリーが100人以上集まってきます。僕らはその前でドリフトを披露しては観衆を沸かせていました。僕は毎日夜になると峠に向かい、ひたすら車を走らせ、これが仕事の息抜きになってもいたのです。

ギャラリーが多く集まった日は必ずといっていいほど、いつもの走り屋以外の人たちが自損事故を起こしていました。目の前でドリフトを見て興奮し、気分だけ走り屋になったヤンキーのお兄さんたちが帰りにちょっと真似をして山に直撃というパターンです。ある時など、そのような事故を起こし車が動かなくなった強面のヤンキーの兄さんを乗せて峠を下ったことがあります。その兄さんは事故がよっぽど怖かったのか、後部座先から震えるような声でもう少しゆっくり走ってくれませんかと懇願してきました。それなら、やらなきゃいいのにと思いました。

この時代、車の走りでも飲み込みの早かった僕はフキレーシングというチューニングショップ主催のジムカーナというレースで、免許取りたての初心者ながらCIVICやCR-X

全盛期のなか、おんぼろRX-7で入賞を果たしました。確か6位だったと記憶しています。やはりここでも、中の上といったポジションだったのです。

バイクでも車でもスタート前の緊張感や胸の鼓動の高まりは独特なものです。その緊張感と走り抜けた際の達成感は仕事では味わえない感覚であり、有り余る若いエネルギーをすべて車に注いでいました。

独立の夢

床張りの仕事も日給月給で日給5000円からのスタートでした。塗装業の職場と同じ額で、ここも社会保険はありません。別府に戻ってきた当初は働き口を選べる立場でもありませんでしたが、時間が経過していくうちに少しずつ労働環境の問題を感じるようになりました。

まず最大の問題があまりにも仕事が忙し過ぎるという点です。地元に床張りの職人が少なかったため受注は絶えることなく、社員3人の規模ではとてもこなし切れませんでした。一見するとうれしい悲鳴のように見えますが、実際はそのようなことはなかったのです。例えば塗装職人の場合、仕事は屋外がほとんどなので雨が降ると休みになります。給与が減るのは痛かったものの比較的自分の時間も自由につくることができました。しかし、内装職人となると雨が降ろうと雪が降ろうと関係がありません。忙しくても休みなしで働くしかないのです。

加えて屋内の作業は天候だけでなく夜になっても仕事をすることができます。床張りの作業で多かったのがデパートなど、昼間は作業ができない場所での夜間工事でした。最近ではデパートの改装も仮囲いしての昼間作業が増えましたが、当時は閉店後から作業を始める夜間工事が主流だったので夜、店が閉められたあとに業者が入り、午前2時や3時まで作業をしていたのです。床の広い現場がほとんどで、作業そのものは難しくないものの閉店後に商品の移動をしてから作業が始まるため効率が悪く、仕事が進まないのが難点でした。

さらに夜間工事の場合、残業代がいっさい出なかったのも不満の種でした。日中の工事を終えて夕方6時頃に事務所に戻ると、突然夜間工事に行ってこいと言われるのです。昼の弁当は持参が常で、工事が続いて疲れがたまってくるとユンケルやリゲインといった栄養剤にも頼ります。その代金だけで1000円近く使ってしまい、すると日当の2割が消えてしまうことになるのです。もともと少ない給金のため1日1000円は大きな出費で、こうした状態が続くといったい何のために働いているのか分からなくなり、さすがに弁当代は出してもらえないかと直談判し、それ以降は機嫌のいいときだけ500円を渡してくれるようになりました。

残業代のほかにも給与体系は不明瞭な点だらけです。忙しいときは日曜日でも出勤していましたが、日曜出勤はなぜか日給がありません。むしろ休日手当も付いたはずなのに反映されることはなく、今考えても首をかしげるしかない給与計算でした。さらに急に現場仕事がなくなり作業が休みになると、その分の日給が差し引かれてしまうため、社員にとってはデメリットしかないのです。何とも理不尽な給与の支払いシステムにも不満がたまっていき、もう辞めるしかないと思い至るようになったのです。

親方のもとを離れる決心がついたと同時に独立したいと強く思うようになりました。これまでのように誰かに雇われて理不尽な働き方を強制されるのではなく、自分の裁量で仕事がしたかったのです。ただ突然親方のもとを飛び出すような辞め方はしたくありません。それで数カ月間どうやって辞めようかとばかり考えていました。

このとき僕はまだ18歳で、独立の方法さえ分からない青二才です。職人として独立するというのは一人で仕事を請け負うことになるものの、当時の僕は誰からどのように仕事を請ければいいのか、そんな初歩的なことさえ知りませんでした。

職人の仕事はほとんど専門業種といわれる下請け業者から手間賃で請負っています。下請け業者の上には元請けの建設会社などがいて、そこから仕事が回ってくる仕組みです。世間で一般的に下請けと呼ばれる専門業種の会社が僕ら個人営業の職人にとっては元請けになります。その下請け、僕らにとっては元請けの業者からいくらの単価でこの現場をやってくれないかと言われ、採算が合うなら引き受けるのです。

元請けとの関係によっては、多少採算が合わなくても無理をしたりして、そのあたりは付き合いの深さや日頃もらっている仕事量によって引き受けるかどうかを決定することになります。といっても仕事関係はギブアンドテイクです。こちらが無理をきくばかりでなく、たまには割のいい仕事を回してくれることもあります。例えば床張り仕事だと、手間賃というのは平米あたりいくらという計算になります。そのため広い床を一気に張るような仕事だと効率が良く、住宅の狭いトイレにビニールシートを張るだけのために現場に行くというのは効率の悪い仕事になるのです。工場のような広い床の場合、シートを広げて引っ張ってのりで貼り、押さえて隅を一気に切れば完了する作業の手間賃は10万円近くになることもあります。

そのような裏事情も少しずつ分かってくるとまずは現在携わっている職場から見ていこうと考え、それからは現場に行っても独立を視野に入れて親方の仕事ぶりを見つめるようになりました。

いざ、独立

現場に慣れてくると実際の元請けである専門業者の人たちとも話をするようになっていきました。彼らはスーツか作業服の下にネクタイという格好で現場に来て、図面などを見せながら、てきぱきと指示を出したあとは材料や副資材を置いて帰っていきます。その材料を手にし床にへばり付いて汗を流す僕の仕事とは対照的で、いわゆるきれいな仕事だと感じていました。こうした現場で元請けのさっそうとした仕事ぶりに触れたことは、後々僕の仕事のやり方にプラスの影響を及ぼしています。

ただ、この時点ではまず職人として独立することしか考えておらず、イメージしたのは最初の山田塗装店の親方でした。自分が直接元請け（実際は下請け）から仕事をもらい、自らの裁量で仕事を回して人手が足りなければほかの職人に頼んだり、時には人を雇ったりして稼いだ金で家族を食べさせて遊びも楽しむ。そうした親方の働き方が羨ましく、まずは独立する際の初めの目標に打ち立てたのです。床張り職人として勤め始めてちょうど1年経った頃、僕は親方に申し出て辞めることになりました。

いよいよ親方として独り立ちできると希望に燃えていたタイミングで元請け会社である川本テント装備の当時の専務が連絡を取りたがっていると人づてに聞きました。携帯電話もポケットベルもない時代です。さっそく固定電話で専務に用件をうかがうと、うちで働かないかという誘いでした。

当時、川本テント装備は中小企業の規模ではあったものの元請けのポジションにいた会社だったため手間請けの僕から見れば大企業であるかのように映っていました。雇用条件を尋ねると社会保険は当然あり福利厚生も完備されていて、肝心な給料は30万円ほどを提示されたのです。まもなく19歳を迎えようとしていた中卒の少年からすれば破格の厚遇です。それまでは連日夜間工事を続け、どれだけ懸命に働いてもせいぜい10万円前後の給与でした。それが川本テント装備から提示された条件だとボーナスを含めて3倍以上の賃金になるのです。

自分に想像をはるかに超える厚遇を提案され驚きつつも、なぜ僕に声が掛かったのかと尋ねると、川本専務が現場での仕事ぶりを見る機会が偶然あって、大粒の汗を流しながら懸命に働いている姿に好印象をもったというのです。確かに仕事現場では常に手を抜かずに仕上げることを心掛けていました。それに加えて一人で現場仕事をこなすような若手の職人が少なかったため余計に目を引いたのだと思います。

川本専務からは親方のところを辞めて職人以外の仕事を探すのは非常にもったいないと言われたのです。もちろん断る理由はなく、この誘いを引き受けようと決めました。

ところがこのタイミングで予期せぬことが起こります。川本専務から誘いの電話を受けた直後に元親方から横ヤリが入ったのです。親方は僕が元請けの社員になりそうだという話を聞きつけ、もし雇うのであれば川本テント装備からの仕事は今後いっさい引き受けないという条件を提示したのです。

川本テント装備としてはその親方に仕事をしてもらわないと現場が回りません。経験が浅い青年とどちらを取るかというと、当然目の前の仕事をしてくれる親方を選ぶという理屈は分かります。こうして社員になる話は立ち消えとなってしまったのです。

親方がそのような条件を突きつけた理由は分かりません。もしかしたら1年にも満たないうちに辞めてしまった自分を不義理だと感じていたのかもしれません。真意は不明ですが元部下のキャリア設計に横ヤリを入れてくる親方のやり口に対して幻滅してしまったのは確かです。やりきれない思いを抱えながらも、狭い職人の世界ではこんなものかと諦めるしかありませんでした。

川本専務は社員採用の話がなくなった代わりに、元親方にバレないよう独立して請負で仕事をしないかと提案してくれました。もともとはサラリーマン生活を送るのではなく、親方として独立することが目標だったのですから決して悪い話ではありません。さらに独立時には、できるだけ仕事をあっ旋すると約束してくれたのです。

今すぐにでも一人で仕事を切り盛りできるのであれば、むしろ独立のほうが魅力的でした。こうして僕は川本専務の一言で独立を決意することになります。

第3章

学歴・コネ・金なし
10代で挑んだ
独立起業

10代で独立

一人親方として18歳での独立です。業界内の親方仲間を見渡しても、新たに独立する人はほとんどが30代で、ひときわ目立つ存在でした。独立するのが早過ぎる、絶対に失敗するといった陰口が聞こえてくることもありましたが、まったく気にも留めません。自分なりに積み上げてきた自信もあり、大人たちと張り合うことが無謀だとは考えなかったのです。

自分自身、塗装職人で働き始めた頃から独立願望がありました。16歳の時点で、20歳までに独り立ちするという明確な目標も設定していました。会社勤めのサラリーマンをした経験もないため、人から指示されたとおりに働くスタイルを何十年も続けていくイメージができなかったのです。そのため、どのような業種を選んだとしても、基本的なノウハウを覚えたあとは自分一人でやっていこうという意識が強くありました。

その一方で、仕事を続けていくなかで職人の重要性は理解しつつも元請け次第で仕事の有無が決まってしまうという状況を不安視している自分もいました。いつしか、元請けに左右されず自分で仕事を取ってきて、人を使って自分で作業を差配したいと思うようになります。格好をつけたい、とにかく同世代でいち早く独立して目立ちたいという若さゆえの功名心もいっそう強く抱くようになっていたのです。

床張りの職人は道具にあまりお金がかからず、技術も比較的覚えやすい仕事です。例えば大工の場合、多種多様な道具が必要なうえ1年での技術習得は極めて難しいといえます。そのため僕が18歳で独立できた背景には、仕事の難易度も影響しています。

ただ親方の手元に入ってくる金額は決して多くないことも次第に分かってきました。さまざまな道具も買いそろえねばなりません。周りを見れば金のやり繰りで必死になっている親方がたくさんいて、親方が稼ぎを独り占めするような状況ではありませんでした。

そうした周囲の状況を僕なりにじっくり観察したうえで、独立したあとは順次人を雇って会社組織をつくり、少しでも組織規模を大きくしていく必要があると感じるようになりました。人を雇い、数多くの現場をこなすためには一人親方では請け負いきれません。全体の仕事量を増やし収益を高めていくためには、会社組織をつくり拡大路線を取る必要があるとぼんやり考えていたのです。

がむしゃらな元請け仕事

独立した当初は信用はもちろんお金もありません。自宅前の月1000円で借りたオンボロの部屋を事務所代わりにして、そこに留守番電話を置き、仕事の連絡を受けるようにしました。資金に多少余裕ができてくるとファクス機器なども設置しました。仕事道具は高いものは買えず、独立時にシートカッターやローラーなど安い工具だけを買いそろえ、高い工具は元請けの会社に借りて、そこからカーペットを接着するアイロンやシートの溶接器などを少しずつ買い足していったのです。

独立後、最初の大きな買い物は15万円の中古の軽のバンでした。荷物を運ぶための車がなければ仕事もできないため、早急に手に入れる必要があったのです。ローンを組んで購入したのですが、かなり高利だったと記憶しています。僕がまだ18歳と若く、なめられたのかもしれません。

独立して個人事業主になったからといっても、銀行の立場から見れば実績、信用ともに皆無な10代の若者でしかなく、すんなりと融資してくれるわけがないのです。その一方でほかの職人に仕事を依頼することもあれば、道具類を新たに購入しなくては作業ができないこともたびたびあり、手元の資金は絶対に必要です。資金調達に悪戦苦闘していたとき、メインバンクはアコムやプロミスという消費者金融、いわゆるサラ金でした。

当時、建設業界はどの会社も月末締めの翌月末の支払いで、半分は手形というのが一般的でした。労務費（手間賃）だけは小切手で支払ってくれても、さまざまな経費を月末に集金したお金で支払っていては間に合いません。そのため2、3日前にサラ金を数社一気にはしごして30万円ずつ借りました。信用情報が出回る前に、限度額など無視して借りて回る必要があったのです。

そのお金で月末の支払いを済ませ、集金の小切手が現金化されたらサラ金にお金を返す。今思えばとんでもない自転車操業だったと思います。毎月末に１００万円以上借りて翌週にはきっちり返すので、当時の僕はサラ金には相当な信用がついていたはずです。

一人で現場をこなしていくうちに1カ月で50万円〜60万円ほど稼げるようになりました。たいていの道具はそろえることができ、人並みの仕事はこなせます。職人仲間には、そのぐらい稼げれば十分だと考える人もいました。一方で親方として上を目指す人は若手を数人抱え、さまざまな現場をこなしていきます。それぞれの親方の考え方の違いが、はっきりと仕事ぶりに表れている業界でした。


独立する以前から抱いていた元請けに対する思いは、元請けの人たちとの付き合いが増えていくうちにさらに強まっていきました。上からの要請でスケジュールが決められる下請け仕事ではなく、自らの裁量でスケジュールを組み立てることができ、さらには数カ月先の仕事まで予定できる、そんな元請けの仕事ぶりに憧れたのです。

僕の将来の選択肢の一つとして、床張り職人の親方として弟子を数人雇って大きく手間請けをやっていくことも考えられました。しかし、他人よりも格好いい仕事をしたいと考えていただけに、地道な仕事ぶりはとても耐えられそうもありません。会社をつくって拡大したい、とにかく目立ちたいという野心が、元請けになりたいという願望につながっていたのです。

また元請けになると扱う仕事も大きくなり、当然売上も増えます。もちろん、独立直後の仕事はそうそう楽なことばかりでもありません。人を雇って下請けの仕事をするようになると作業以外にたいへんなことがたくさん出てきます。例えば元請けのゼネコンや工務店からは単価を低く抑えられ、その分職人の手間賃を下げようとすると突き上げを食らいます。材料費でも、いち職人として請け負い仕事をやると損をすることはないものの、請負い仕事だと損をすることもあります。見積もり忘れ一つで現場の利益が消えてしまうようなこともあるのです。

こうしたこともすべて元請け仕事であるがために起きることです。それでも手間請け仕事、下請け仕事から脱皮したいという思いは強くなっていきました。どうせ抜け出すならやはり元請けを目指すべきだと考え、そこからいろいろと周りに聞いてみるようになったのです。すると建設会社の場合、社長が昔は大工職人や左官屋をしていたというケースが珍しくありませんでした。現場の職人から元請けになった人たちがいるのであれば、同じように自分にもチャンスはあるはずだと、勝手に勇気づけられていたことを覚えています。できるかどうかではなく、ただやりたい、そして大きなビジネスをして格好をつけたい、そんな思いだけでがむしゃらに突き進むようになったのです。

決意したからといって、そう簡単に元請けに転身できるほど業界が甘くはないことは分かっていました。だからこそ最初の頃は手間請け仕事も下請け仕事も、もらえる仕事は全部断らないようにしていたのです。

人を雇っていくつかの現場を飛び回るようになったのもこの頃です。僕は他人と仕事をするのが好きで、自分よりもさらに若い社員を雇って一緒に現場に行って仕事を教えたりするのが面倒だとは感じませんでした。

このように現場を駆け回るうちに、時々は電気器具などを替えてほしいという依頼も出てきます。もちろんそれは僕の仕事ではありませんが、依頼に対してできないとは言いません。見よう見まねで作業することもあれば、分からないときには工事のやり方を同業の先輩などに聞いて作業をすることもありました。当時は、本当になんでもやる、なんにでも食いつくような仕事ぶりだったのです。

実績もない駆け出しの少年にとっての強みは、そうした一生懸命な仕事ぶりだけだという思いもありました。技術自体は、いろいろな作業を無難にこなすものの決してレベルが高くはありません。そのことは僕自身がよく理解していたので、どんなにたいへんな作業であっても汗を流すことを嫌がらない姿勢だけは大事にしていました。そうした必死な姿を、どこかで見ている人がいるのも事実です。

あるとき、地元の先輩を通して紹介してもらった仕事で現場管理をしていると、その現場を覗きに来た人から声を掛けられました。信用産業という地元で手広くレンタルビデオのチェーン店を手掛けている企業で、声の主は江田至社長でした。若いのに頑張っているなと声を掛けてくれ、僕のことを気に入ってくれたのか、その後も大小さまざまな店舗や事務所の工事を任せてくれるようになったのです。

こうして元請けの立場でも少しずつ仕事をするようになり、どの案件も駆け出しの少年からすれば大きな仕事ばかりで、うれしくて仕方ありませんでした。ただ、こうした元請け仕事が常にあるわけではありません。そのため下請けの仕事も平行しながらやっていました。

例えば店舗を1軒丸ごと請ける店装の元請け仕事も増やしていくなかで、床張りの手間請け仕事も請けていました。当面はなんでもやる姿勢は崩さず、次第に仕事の請け方を変えていこうと考えたのです。

一方で、元請けとしては素人のようなものですから失敗も数多くありました。店舗の工事を請け負い始めた頃には損をしたことも何度もあります。例えば棚もつけてくれと頼まれると普通は業者から見積もりを取って、それにいくらか乗せて金額を提示しますが、当時の僕は材料費だけでなく取付け代が別に掛かることすら知りませんでした。照明器具の取り替えだと、古い器具を捨てるのにお金が掛かることも知らなかったのです。さらに大きな改装だと図面が必要なのにもかかわらず、図面の書き方や見方も分からなかったのです。同業の先輩などに尋ねて一つひとつ教えてもらいながら対応していましたが、あらゆる面で損をして決して安くはない授業料を払いながら仕事を覚えていったのです。

元請けが軌道に乗るか乗らないか分からない時期にあって、僕はすでに会社組織のことを考えていました。実は19歳のときに一度法人として登記しようとして失敗したことがあります。このときは有限会社にしようと考えて手続きを始めましたが、未成年の会社登記には法定代理人の許可が必要だと司法書士に指摘され断念しました。そこで20歳になるまで待ち、誕生日を迎えてすぐに法人化したのです。これが有限会社ケイズです。

当時は今のように資本金1円から会社を設立することはできず、有限会社だと300万円、株式会社だと1000万円の資本金が必要でした。もちろん、手元にそれだけの資金はありません。そのため300万円を借り、会社の登記が完了して間もないうちに返却して設立しました。

社名由来は単純に苗字の亀井のKをとり、後々にケイズの由来を聞かれると九州のKと答えるようになりました。名刺には社名を刷り、代表取締役の肩書を付けました。役員も社員も僕一人ですが、立派な会社です。会社組織にしたといっても仕事の内容は実質的に変わらず、とくに仕事が増えるようなことはありませんでしたが、自分自身にとっては大きなステップだと感じていました。会社設立後の業態は以前と同じです。手間請けから始まり、合間に下請けの仕事をし、時々元請けの仕事も対応するというものでした。

20歳で会社を設立した若造が頑張っていると、周りの人たちが次第に認めてくれて見る目も変わり、かわいがってくれる人たちも現れて少しずつですが人脈も広がっていきました。今でもごくまれに1年足らずで親方のもとを離れなければ違った未来があったのではないかと思いを巡らせることがありますが、まずは走り出さなくては何も始まらなかったと思います。闇雲に走り始めたことは決して間違いではなかったと信じています。

経営者たちとの出会い

仕事内容に大きな変化はなくとも少しずつ社員を雇えるようになり、営業マンも何人か雇ったものの、こちらの要求が厳しかったのかなかなか長続きする社員はいませんでした。その頃はとにかく仕事量をこなすことを第一義にしていて、休日もなくひたすら働き、それを社員にも要求していたのです。

僕自身の仕事は職人として現場仕事をすることよりも作業服の下にネクタイをしめて走り回ることが多くなっていきました。建設会社などから直接仕事をもらうことも増え、それと同時に僕から仕事を発注する取引先の数も増えてきたため、取引先との打ち合わせでも忙しく飛び回っていました。

会社を設立して間もなく、ある大切なことに気づきます。それは僕自身が会社経営というものについて何一つ知らないということでした。会社で仕事をするということは親方が職人に手間請け仕事を頼むのとはわけが違います。そこから慌てて経営について学び始め、江田社長に各種セミナーや勉強会に連れていってもらうようになったのです。

セミナーや勉強会に顔を出すと、周りは売上何億円、十何億円の中小企業の経営者ばかりです。当時の僕の仕事の規模に比べたら何十倍、何百倍の規模でした。それでも気後れすることはいっさいなく、自分の会社も同じ規模にまで成長できる気がしていました。

こうした場で中小企業の経営者たちの話を聞くことは、たいへん有意義なものでした。難解な話もある一方で、すぐにでも実践できるようなアドバイスを受けることも多く、何よりも彼ら自身が実践して結果を出しているので疑うことなく前のめりになって熱心に聞き入っていました。

そのうちに青年会議所や商工会議所青年部にも顔を出すようになり、地元企業の御子息たちとも付き合うようになりました。人脈を築けば仕事をもらえるという狙いがあり参加したところ実際にいくつか受注し、あらためて地道な付き合いは大切だと実感しました。

このようなセミナーを通して、目覚ましい躍進を遂げていた企業のトップとも知り合うことができたのは大きな財産になっています。例えば東日本ハウスの創業者である故・中村功元会長や朝日ソーラーの林武志社長は、年齢も業種も異なる雲の上の存在でした。

東日本ハウス（現・日本ハウスＨＤ）の中村元会長はもともと出光興産に勤め、１９６９（昭和44）年に30代で東日本ハウスを創業しました。拠点は岩手県盛岡市で、まったく畑違いの建築を始めたのは、仕事仲間の家が欲しいという一言だったといいます。そこから住宅に関する勉強を始めて、大和ハウス工業の販売代理店を経て木造注文住宅に特化した住宅メーカーへと成長しています。ちなみに中村元会長には僕が結婚した際の仲人をしてもらいました。

朝日ソーラーの林社長は地元大分のベンチャーの雄で、ちょうど僕が独立した頃に大分に何十億円かを掛けた本社社屋を建てました。林社長も高校中退で30歳を過ぎてからの創業です。１９８３年に当時の副社長と２人で別府のアパートの一室からスタートしたといいます。名刺を作るお金もなく、広告の裏紙にボールペンで名前を書き、ガソリン代を奥様から借りて事業を始めた林社長は創業後一気に会社を拡大させました。

わずか1年後には40億円を売り上げています。ピーク時には北海道から沖縄県まで営業所を設け、年間売上は６００億円を超えていました。日本一の営業集団と呼ばれひたすら業績を伸ばし続けていたとき、営業方法が悪質だと国民生活センターに社名を公表されてしまいました。２７００人いた社員は一気に６００人となり、これを機に会社の規模は縮小しました。それでも朝日ソーラーは倒産することもなく今も存続しています。林社長にも随分かわいがってもらいました。僕の子どもは２人とも林社長が名付け親です。

僕が20代半ばの頃、江田社長に紹介されたのが京セラ創業者、故・稲盛和夫さんの盛和塾でした。稲盛さんを塾長に、全国の多くの経営者が集って、各地で経営塾を開いていました。大分でも盛和塾が開塾することになり、そこで稲盛塾長の話を直接聞く機会を与えてくれたのです。稲盛塾長の話には感動し、心酔しました。すぐに入塾を希望したものの、20代では入れなかったため、30歳になるまで待つしかありません。そこで入塾するまでの間は稲盛塾長の講演のテープを何度も聞き、著書もカバーがボロボロになるまで読み込んだのです。

この時期は理想とする会社像と現実がかけ離れていて、早く会社を大きくしたいという一心で多少強引にでも仕事を取ってきてがむしゃらに働きました。資金繰りには年中苦労していて決して儲かっている状態ではありません。ただ、会社を大きくしたいという願望だけは人一倍強く、売上を１０００万円から２０００万円に、さらに1億円、10億円にしたいと、四六時中そんなことばかり考えていました。

第 4 章

拡大路線からまさか……
一気に突き落とされた
奈落の底

内装工事から建設・不動産へと拡大

法人化して3～4年経つと、ほぼ元請け仕事だけで会社を回せるようになり、ようやく自分の理想とする会社らしくなってきました。一つひとつの仕事は個別でありつつも、目前の仕事の成果が次の仕事を生むサイクルでつながっていることを実感していったのです。例えば、大きな仕事を請けたことは実績になり、クライアントからの信用を創出します。それだけの仕事を請けられるほどの体力のある会社であり、きちんと仕事をこなす実力がある会社だということが相手に直接語らずとも伝わるのです。逆に仕事でミスを犯せば、当然マイナス影響が生じ、次の仕事を請けるハードルが高くなります。むしろ下積みをせずに一足飛ばしで大きな仕事を手掛けることは現実的ではないため、小さな仕事に取り組む姿勢こそが重要です。

仕事が仕事を生むサイクルを強く実感したのは、全店舗改修工事を受注し質も高めながらスケジュールどおりに仕上げたことで、その後立て続けに全店舗改修の仕事が舞い込むようになったときです。好循環の効果は、売上の数字としても如実に表れ、法人にして２年目には売上が２０００万円、３年目が３９００万円、４年目が７５００万円、そして６年目で初めて１億円を超え、１億９２００万円を記録しました。６年目からは従来の店舗改修工事に加え住宅建築も手掛け、さらなる売上増を実現できたのです。右肩上がりで業績も上がり、なにをやっても絶対にうまくいくという怖いものなしのマインドになっていました。

株式上場を真剣に考えるようになったのもちょうどこの頃です。当時は起業家の間で店頭公開がブームになり、年商1億円を突破したばかりの僕の会社の実績でも決して遠い世界の話ではなかったのです。ある雑誌で写真のプリントを専門にパレットプラザを創業し、20代で上場を果たした大島康広社長の記事を読んだときに上場への思いがいっそう強くなったことを覚えています。

付き合いのある地元経営者で上場している人はいませんでした。幼少期から目立ちたい、格好つけたいという思考が強い僕は、周囲の誰もがやっていないことを成し遂げようと新たなモチベーションを得て、それからとにかく経済誌を読みあさるようになりました。

今思えば、当時は経営者として確固たる指針はなく、やみくもに会社を大きくすればいい、成長して目立てば格好いいだろうと突き進むだけでした。それが自分の生き方だと信じて、若さのせいか意味もなくなぜか焦っていました。

そのためセミナーや勉強会で数多くの貴重な意見をもらっても、いったい何が正しくて何が間違っているのか、判断する基準すらない僕には分かるはずもありませんでした。ただし経営について学ぶうちに、会社の成長のためには住宅に専念する必要があるという考えは確固たるものになりました。住宅は一般の顧客が相手であるため、営業のやり方次第で市場は無限に広がっていくと思えたのです。

初めはオリジナルの住宅建設を手掛けようと考えたものの住宅会社で働いた経験などない素人であるため、まずはフランチャイズを展開しているメーカーに加盟することにしました。著名なメーカーだと加盟するための審査が厳しくなかなか入れてもらえなかったので、当時、フランチャイズ住宅としてはベンチャーのような会社に加盟することにしました。ベンチャーだといっても当時はそれなりに知られた会社で宣伝なども活発だったので、そこにロイヤリティを支払うことで住宅販売のノウハウやバックアップも期待していました。ところが期待は大きく裏切られ、当初説明を受けた内容とはまったく異なりバックアップ体制などほとんど取られていないずさんな運営体制だったのです。それでも可能な限りノウハウを教わろうと努めてみましたがその甲斐なく、結局1年で契約は破棄し、何千万円も掛けてつくった住宅展示場も潰し、時間も労力も資金もすべて無駄になりました。これもまた高い授業料を払ったと諦め、これ以降は他者に頼ることは極力少なくし自分の頭で考えて工夫してやることにしました。そのことが周囲を見えなくする原因になったのに気づくのはあとになってのことです。

それまでは店舗、内装、リフォームも並行してやろうと思っていましたが、ここから一気に注文住宅へとかじを切りました。ここから多くの住宅営業マンと話をしたり、工務店にも話を聞きに行ったりしました。一つひとつの対話からたくさんのことを教わり、そこには知らない世界があり無限の可能性が秘められていると感じました。そして、これなら自分でも十分にやれると確信がもてるようにもなり、学び取ったことを迅速に事業展開していけば目標とする20代での上場も視野に入ると確信しました。

課題はさらに上へ、知識も経験もステップアップすることでした。これでいいと満足したわけではないのですがある程度順調に進んでいたため、ステップアップをどうしたらよいか見えなくなっていたのです。しかし、知識のなさは簡単に埋まりません。例えばこの段階でさえ建設業の許可というものがあることも知りませんでした。

僕はそのことを知ってすぐ許可を受けようとしましたが、条件として専任技術者がいなくてはならないということでした。専任技術者とは建築関係の免許をもった人、例えば建築士や建築施工管理技士などです。周囲にはそうした技術者がいないので僕自身が取得を目指すことにして、必死で勉強して建築施工管理技士の資格を取り、なんとか無事に建設業の許可を取ることができました。

いくら勉強してもよく分からなかったのは営業の具体的な実務でした。どうやって住宅ローンを組むのか、住宅金融公庫（現・住宅金融支援機構）などの使い方も学ばなければなりませんでした。さらに、どのような住宅がどういう世代に好まれるのか、戦略や販売の基本を学ぶために住宅関係の勉強会、セミナーには可能な限り参加しました。こうしたセミナーではどんな住宅が売れるのかといった時代のトレンドなどについてコンサルタントが解説してくれます。とにかく、この頃に数えきれないほどセミナーや勉強会などに参加し、多くの同業者や先輩経営者とも知り合うことができ、ジョー・コーポレーションという、当時破竹の勢いで成長していた建設会社の中岡大起社長ともこの頃に日本経営合理化協会の勉強会で知り合いました。

住宅販売を始めて気づいたのが、住宅の営業ではトップクラスの営業マンが一人いれば、それだけで小さな会社程度なら十分やっていけるということでした。一人で10棟も売ればいいのです。ただ、そうしたトップクラスの営業マンはたいてい大手にいて、優遇されています。引き抜くには大手以上の待遇を用意しなくてはなりませんが、当時の僕には無理でした。僕はそれなら自分がそうした営業マンになるか、もしくは優秀な営業マンを社内で育てればいいと考え、会社としての株式上場の夢が大きく膨らんでいきました。

目標は上場、さらなる高みを目指す

仕事の進め方も大きく変わって、住宅の仕事に転換してからは数カ月から半年先までの仕事が見えるようになりました。これこそが自分が理想としていた事業計画のあり方で、それ以前のような明日どうなるか分からない状態でなくなったことが、僕にとても安心感をもたらしました。当時、仕事で付き合いのあった人の多くは大工、内装、電気、水道、材料問屋といった職人たちで、ほとんどは店舗屋の頃と変わらず、住宅を始めて新たに付き合うようになったのは基礎を造る業者と外壁の業者くらいです。

この時期はとにかく忙しく、なかなか社員にまで目が届きませんでした。社員を育てていこうと思いながらも自分が中心となって営業もしていたため、社員に対してはつい厳しい言葉を掛けていました。そもそも僕は会社勤めをした経験がなく上司と部下の関係や部下の指導法などについてまったく分かっておらず、自分ががむしゃらに働いているのと同じことを社員に要求し、仕事の仕方は教わるのではなく見て盗めというやり方でした。これでは当時社員がなかなか定着しなかったのも無理はありません。

上場を視野に入れ、ひたすら会社を大きくすることばかりを考え、そのためには無理も通して難題も踏み越えていくつもりでした。今ならコンプライアンス、ガバナンスにも目を配る必要がありますが、当時はまだひたすら働き続けて一日中稼働して不夜城のようになっている会社が美談として語られているような時代でもありました。日本で1位、２位というようなハウスメーカーも終礼は夜中の11時、12時で、会社の研修などは休日に開かれ、成績不良の営業マンには勉強会という名のつるし上げが慣習でした。

僕は京セラの稲盛さんの講演テープを繰り返し聞き、講演で語られる、誰にも負けない努力こそがまず何をおいても大切と信じていました。しかし、僕はとんでもない勘違いをしていて誰にも負けない努力をただの猛烈な働きぶりに求めていたようです。稲盛さんの言わんとするところはもっと深いところでの努力だったのに、その勘違いのため、僕は社員を早朝から集めランニングや体操をやらせたり、午後11時から終礼という長時間労働を強いたり、終礼後はたびたびコンパを開催し飲んで帰れなくなったら会社で雑魚寝をさせたりもしていました。

今ならこうした無茶は労働基準法に違反するブラック企業だと言われてしまいますが当時は僕自身も年365日出勤、週100時間労働を実践し、30代半ばまで約10年間休みなく働き続けていました。

あの頃はそれが異常だと思えなかったのが怖いところです。多くの企業がまるで熱に浮かされたようにして上場を目指していました。僕と同じように足元も見ずに前のめりに走り続ける会社ばかりでした。


がむしゃらに働き続け、27歳のときに会社の売上が1億9500万円となり、本格的に住宅を始めてからは3億1600万円、次の年が4億5000万円と、右肩上がりで売上を伸ばしました。僕はさらなる成長を目指さなくてはならないと考えるようになります。走り続けていても自分の立っている位置が不安で仕方なかったのだと思います。目先の違うことを見つけ出し、そこに進みたい、同じことを続けていてはいずれ頭打ちになるという思いから、まるで追い立てられるように新しい商売を探し続け、建売住宅も始めました。

次に手を広げようと目を付けたのが分譲マンションです。住宅セミナーなどで勉強し、分譲マンション事業で伸びていった会社を多く見て、可能性を感じていました。こうした事業での成功例としていわゆるベンチマーク企業なども視察しました。それらの会社をじっくりと観察し調べると、僕の会社でもやれる気がしたのです。やれる気がしたというのは決して誇張ではなく僕の本音であり、店舗内装から住宅に事業転換したときと同じように自分の直感に従いました。

もちろん分譲マンションに商機があると思ったからといって、すぐ事業を始められるものではないことはさすがの僕でも分かりました。そこで当時、日本経営合理化協会のセミナーの講師で分譲マンション業界では著名なコンサルタントの新都市ハウスの八木徳雄さんに連絡をしていろいろな実務について教えてもらい、八木さんに背中を押してもらったことで迷いなく新規事業として取り組むことを決めました。あとは実践に移すだけです。

教わったことについて正直な気持ちを書けば、僕でも十分にやれると感じていました。あとは具体的な販売方法を教わればいい。その程度に考えていたのです。しかし、少なくともイノシシみたいに猛進するばかりだった僕は本当にもっと実務面で細かく深いところまで学ばなくてはならなかったのに、そのことはまったく見えていませんでした。

そうして分譲マンションへのチャレンジはスタートしたのです。分譲マンションを手掛けるにはまず、土地を探すところから始めます。バブル崩壊後の地方都市ではそれなりの立地条件のところが比較的安価で容易に見つかりました。土地に対する見方は培っていたので土地を見つけるのは難しいことではありませんでした。ここなら良さそうだという土地を見つけ、すぐ八木さんに別府の現地まで来てもらい判断を仰ぐと、ここなら大丈夫と太鼓判を押してくれました。

とはいっても、そのときの僕にはその土地を購入するだけの資金はありません。分譲マンションを手掛けるといったところで無から有をつくり出すようなもので、そこがこの仕事の醍醐味でもあり逆に怖さでもあります。地価は2億円ほどで、借金で調達しなくてはなりませんでした。銀行にも掛けあったものの、成長中とはいえまだ20代の若い社長の新規事業にやすやすと2億円も貸してくれるわけがありません。さまざまな条件をクリアして、結局は2行の協調融資ということでなんとか資金に目途をつけました。

5階建て総戸数30戸、それがこのときの分譲マンションでした。

地域ごとにさまざまな環境条例があるなかで、別府市は建物が高さ30メートルを超えない場合は近隣住民への説明会の開催は必要ありません。土地を購入しさえすれば勝負は早いと考えた僕は設計事務所とゼネコンも探し、やっとのことで請負ってくれるゼネコンを見つけてプロジェクトを進めていきました。

実はこのゼネコン探しにかなり苦労しました。ここでも問題となったのは、何の実績もない若者の会社の新規事業であり、しかも支払いの大半は完成後となっていたことです。そこでマンションの各部屋が売れたお金で工事代金を支払う約束で仕事を請けてくれるゼネコンを探して5～6社は断られ、結局最後は中堅ゼネコンの太平工業が請け負ってくれました。僕はいくら断られても次から次へと大手や中堅のゼネコンへ飛び込んで頼みに行きましたが、あの根性というか執念深さは今考えると若さのもつ力であるとともに僕自身の焦りでもあったのかと思います。

基本プランや間取り、デザインなど細々と打ち合わせをしていき設計を進めていきました。そしてモデルルームが完成すると販売を開始します。工事は太平工業、販売は八木さんの会社、新都市ハウスに販売代理を依頼し、入居後の管理は住友不動産建物サービスに依頼することになりました。僕の信用が少ない分、事業パートナーはなるべく大手の一流企業に頼ることにしたのです。

販売が始まると今週は契約が上がったとか上がらなかったとかいう連絡に一喜一憂する日々が始まります。売れなければゼネコンへの支払いができないのですから気が気でなく、僕も毎日のようにモデルルームに通ったり、常駐する販売スタッフと作戦を練ったりしました。結局、竣工時の完売とはならなかったものの、どうにか最初のプロジェクトは完了することができました。もちろん会社の売上はこれでどんと跳ね上がりました。

分譲マンション販売で想像以上の手応えを僕は感じました。土地の選定と資金繰りがたいへんですが、その後の設計や建築、販売から管理に至るまですべて外注で賄えます。うちの会社の負担は決して多くなく、そして会社の売上も一気に拡大できるのです。これこそが僕の進むべき道ではないかと思えました。注文住宅を担当していた社員たちには今までどおりの仕事をしてもらい、分譲マンション事業は僕一人で継続してやっていくことにして、すぐに次の分譲マンション計画も進めることにしました。

僕は、最初のプロジェクトがうまくいったことから油断してしまい分譲マンション事業を甘くみていました。小さな失敗はたくさん経験していたのに、そのことが見えなくなるほどに焦り慌てていたのだと思います。

周りを見渡せば分譲マンションを手掛ける多くの企業が現れては消えていき、まさに死屍累々の状態でした。そうしたほかの会社の浮き沈みを見て気を引き締めるべきだったのです。しかし、当時の僕にはそのような知恵もなければ余裕もありません。心のなかを占めていたのはこの事業が順調に回り出せば株式上場の夢まで一歩、いや何歩も近づいてくるという会社の成長に対する野心だけでした。

マンション建設反対運動

二つ目の分譲マンションは土地が1億円ほどで、銀行からお金を借りて購入することになっていました。立地条件も良くプロジェクト自体は最初のマンションよりは簡単に進むのではないかと思いました。

今度は前回と違って高層マンションです。マンション計画地の町では、高さ10メートルを超える建物に関して、事前に建築概要の看板を立て、近隣住民に対し説明会を開催し同意を得なくてはならないと条例に定められていました。この条例がどれほどたいへんなものかを僕は知らなかったのです。

手慣れたマンション業者だと、そもそも看板を立てる前に地域の自治会長のような有力者にあいさつに行き、いろいろと説明して、そこで近隣に住む問題となりそうな人のことなども聞き出し、根回しを進めるのが一般的です。近隣住民の要望なども聞いてコミュニケーションを取り、それから事前準備をスタートさせます。デベロッパーならそうした地ならしが当たり前であるのに、僕は何も知らない素人も同然でした。根回しをしてから近隣住民への説明会を開き、終了後に建築の確認申請を出すという知識もなかったのです。

のちになって聞いたことは、大手の不動産会社などでは近隣対策を担当するためだけの専門業者を使ったりしているということでした。彼らは法律を知り尽くしていて自治会などの根回しから個別の対処まですべて取り仕切っています。説明会では懇切丁寧に説明をして、時には強い口調で威圧的に話したり、人前で住民とともに泣いてみせたりします。このような専門家を必要とするほどに近隣説明は厄介な作業でもあるといえます。よくマンションの新築でトラブルとなるのはまさにそうした住民への説明不足が原因ですからここで入念な準備をすべきでした。ところが僕は無謀にもそれをすっ飛ばして看板を立てて確認申請を提出してしまったのです。

そこから予想もしなかった逆風が吹き荒れ始めたのです。用地に看板を出した途端、すぐ周辺住民からクレームが入り、蜂の巣をつついたようなという表現がオーバーではないほどの騒ぎが巻き起こりました。

クレームが上がった当初は法律違反をしているわけではないため何も問題はないと気に留めることはありません。適切なプロセスを経て購入した土地にルールに基づいた建物をつくることに騒ぎ立てるのは、むしろ地元住民の言い掛かりだとさえ感じていました。

しかし僕の見立てに反して事態は悪化の一途をたどります。地方では特に新参者に対して厳しく、戸建て住宅の工事の場合でも苦情を申し立てられるケースが珍しくありませんでした。ましてマンションのような大規模な建物の場合はなおさらで、次第にクレーム対応ばかりに追われるようになっていったのです。

騒動が大きくなると、左系の町議会議員のほか右系の政治団体や運動家のような人も現れました。用地にはいつの間にか反対運動の看板を立てられ、なんとか平和的解決ができないかと地元に住む顔役のような社長に相談したときには時すでに遅く、商工会などにも話が回っており署名活動が始まると知らされたのです。このような状況では善後策を考えるのも一苦労です。初めは小火だと思って見過ごしていた炎が大火事になり、周辺も騒然としてきたのです。

ついに地元の有力新聞社が紙面の一面でこの問題を取り上げました。見出しこそ「高層マンションは必要なのか」と問題提起をするかのような記事ながら、もちろん開発業者である僕が悪者として扱われ、これでほぼ勝負は決まったようなものでした。新聞沙汰になると役所も建築申請に許可することをためらい始めます。地元住民からの苦情やマスコミからの批判を最も嫌うのが役所の常なのです。役所からは、近隣住民への説明を行い、円満に解決したら許可すると言われました。

それで急いで近隣住民への説明会を開催することにしたのです。完全に順番を間違えてしまい遅きに失した感はあったものの、なんとかことを収めなくては先へ進めないというのがそのときの僕の判断でした。

公民館の一室を借りて開催した住民向けの説明会には30人ほどが集まりました。参加者の顔ぶれを見ると住民以外に議員や運動家もいます。

30対1の説明会が始まった途端、やじや怒号が飛び交いました。なぜもっと早く説明会を開かなかったのかという不平不満が上がり、ただでは済まさないという脅し文句まで浴びせられました。

参加者の口から飛び出す文句一つひとつに対して、ひたすら頭を下げるしかありません。テレビニュースで企業トップによる謝罪会見の模様を見た際に、かつては頭を下げるだけでなくもっと受け答えを積極的にすべきだと思っていました。それが大きな勘違いだったことを、このとき初めて思い知らされることになります。容赦ない言葉が体に突き刺さり、その痛みを感じながらただ頭を下げ続けるしかありませんでした。

この日は数えきれないほど頭を下げて怒声にひたすら耐え、なんとか説明会を終えることができました。マンション建設に関しては進展もないまま時間だけが過ぎ、住民は口々に僕に罵声を浴びせながら帰っていきました。

僕はとにかく説明会を終えたことで安堵し、すぐ役所に申請を受けに向かいます。実は我ながら甘かったのですが、このときは問題が終息したとばかり思っていました。しかし、ことはそう簡単ではありません。役所からは許可はまだ出せないと言われてしまいます。こちらは建築にあたって法律も遵守し説明会も開催した。なぜ許可が下りないのかと食い下がりましたが、地元では反対の声が消えていないと役所は言うのです。要はもめごとを避けたいというのが役所の本音なのだと思いました。ひたすら文句をつけると、「申請書への訂正指示を細々と出し続けるぞ」と脅される始末です。地域の揉めごとに役所を巻き込むなといわんばかりでした。

そして、このマンション事業に端を発したもめごとは会社の命運を左右する事態へと発展してしまいます。騒動の最中、予定されていた銀行の融資が急にストップしてしまったのです。

銀行の融資中止、資金繰りに奔走

当初の予定では、銀行から月末に1億円の借入をすることになっていました。すでに土地代金は支払って、月末に業者に支払う通常の支払資金をこの借入で賄おうとしていたのです。銀行からの借入が止まれば業者への支払いは当然できなくなります。今思えば、そうした資金繰り方法はかなりの危険が伴いますが、当時は財務活動の常識もないため当たり前だと考えていたのです。

そうした資金繰りを続けていたある日、月末まで数週間に迫ったタイミングで銀行の支店長から電話があり、融資ができなくなったと言われたのです。とっさに銀行の自主的な判断ではなく、反対運動を行っていた側からの働きかけがあった可能性が極めて高いと感じました。

土地謄本を調べれば僕の会社がどこの銀行と取引があるか一目瞭然です。その銀行に対して地元の有力者が声を掛けて、マンション問題をネタに一時的に融資をストップさせたのだと簡単に想像できました。トラブルが解決できれば融資を再開すると銀行から申し出があったものの、解決の見通しがまったく立っていない状況だけに不安しかありません。

電話が掛かってきた1週間前に借りておけば、業者への支払いも問題なく済んでいたはずです。もっと早めに動いておけばと後悔しましたが、とりあえず業者たちには頭を下げて支払いを待ってもらうしかありません。少しでも取引のあった金融機関をかたっぱしからあたったものの、貸してくれると言ってくれた銀行は皆無でした。新聞沙汰にもなった近隣トラブルを抱えた会社であり、わざわざ火中の栗を拾う金融機関などありはしません。

初めて倒産の二文字が僕の頭に浮かびました。もしも会社を潰してしまったら地元では再び仕事はできません。東京や大都市圏のように多様な会社がひしめき合っているならばまだしも、別府という狭い町で一度会社を倒産させたというレッテルを貼られたら、もうこの土地では生きていけないのです。

眠れない日々が続き、さまざまな打開策を考えました。いろいろな方策を考えた揚げ句、交流のあったジョー・コーポレーションの中岡社長に連絡を取ったのです。中岡社長とはそれまで何度か勉強会で同席し交流を重ねていて互いの人となりをよく知っていたのです。愛媛県松山市にあるジョー・コーポレーションの本社を訪ね率直に内情を話し、うちの会社を子会社にしてもらいたいと、頭を下げて中岡社長に頼みました。

現在は近隣住民とのトラブルで窮地に追い込まれていること、プロジェクトを再開させれば十分利益が出ること、この案件が片付くまで責任をもってプロジェクトを遂行し、終わったら会社を辞めることを伝えたのです。さらにプロジェクトの達成までは無給で働き、それと引き換えに全社員と取引先はそのままにして会社ごと引き取ってもらえないかと要請しました。

中岡社長も僕の話を聞き資料などを見て、反対運動の起きた分譲マンションも近隣問題が片付いたら、以後はうまく再開するだろうと理解してくれたようでした。その場ですぐに結論は出なかったものの、子会社にする場合の条件が出されました。それは僕が会社を辞めてしまうのではなく、あくまで子会社の代表として残ることだったのです。あなたが社長を辞めた会社はただの箱であり、箱だけもらっても意味がないと言われました。ありがたい言葉でした。その日はそれで引き取り、数日後に改めて僕のところに連絡が来て、中岡社長は会社を引き受けると言ってくれました。

それまでの2カ月ほどの間は金策に走り回り、マンションの近隣住民と折衝し、役所とのやり取りなどを何度も繰り返し、自分では気づかないうちに精神的にも追い込まれていたようです。この当時は結婚して娘も生まれたばかりでした。狭い町で多くの人に迷惑をかけると家族にも迷惑がかかる。自分に掛けられた生命保険の金額を確かめたりもしました。会社の経営者保険の死亡時保険金は1億円だったと思います。これでは家族に生活費を残すどころか銀行や業者への支払いにも足りない。そうした計算までしました。もしも、ジョー・コーポレーションに援助を断られていたら別の会社に要請に行ったと思います。そこでも断られたら、さらに数社に頼みに行ったはずです。どこも引き受け手がいなければ、そのときはノンバンクに走って、高い金利でお金を借りようとしたかもしれません。それでもダメだったら……やはり死んで詫びるしかないと腹をくくったのではと思います。

ジョー・コーポレーションから連絡が来たときは安堵感とともに、すぐ経営を立て直し高収益会社にして恩返しをしなければという緊張感がありました。そして、恩返しは一刻も早くしなければならないと焦る気持ちにさいなまれたのです。

こうして、僕は新たなスタートを切ることになりました。

第5章

苦渋の決断、オーナー社長から雇われ社長へ

会社を身売り

僕の会社はジョー・コーポレーション傘下の子会社となり、社名はケイズからジョー・コーポレーション大分となりました。18歳で独立し、20歳でケイズを設立してから12年が経っていました。見よう見まねで会社経営をこなしてきましたが、自分に足りないものが社会とのつながり、ひいては一般常識だったということが分譲マンション問題をきっかけにやっと分かったのです。このとき受けた深い傷は多くのことを学ばせてくれたという意味でむしろ喜ばしいことだったと思います。もちろん今でも思い出すたびに悔しさと情けなさに襲われます。それを抑えるためには、ひたすら仕事に専念するしかありませんでした。

僕はすぐに懸案となっていた分譲マンション問題に再び手をつけ、地域住民との話し合いを重ね半年もしないうちに合意形成を図り、建築をスタートさせました。その後、無事に販売も終えました。振り返ればあのときの騒動はなんだったのかとも思います。

今後はグループ会社の一員として活動していかねばなりません。そのなかでしっかり組織運営について学んでいこうと決めました。これは神様が与えてくれた軌道修正の機会で、30代でこうした機会を得たことはむしろ恵まれていると思うようになりました。僕はまずジョー・コーポレーションのために懸命に働かなくてはならないと考え、それまでと同様に休みなく働き始め、子会社となってからも、仕事以外何もしないほど働きました。とんでもないワーカホリック（仕事中毒）のような印象を受けるかもしれませんが、この時の僕自身はあまり無理だとは感じませんでした。というのも、ジョー・コーポレーションで働くことはすべてが新鮮で、見ること聞くことが興味深く、また、どうしてこれまでに勉強してこなかったのかという反省材料にもなりました。

当時ジョー・コーポレーションは急成長を続ける注目企業でした。本拠地の四国エリアだけでなく全国展開も視野に入れ、中途や新卒にこだわらず、大量に人材も採用し、企業買収であるM＆Aも精力的に進めようとしていました。一方の僕は振り返ってみると、大きな企業なら当たり前であったコンプライアンスもガバナンスもまったく気にしたことがなかったのです。社員を雇った際にどのような雇用契約をしなくてはならないか、サブロク協定という言葉さえも知りませんでした。会社の労働契約関係の規約や規定もろくにつくっておらず、今でいえば立派なブラック企業で、自分が育った職人の世界をそのまま会社にもち込んでいたともいえますが、それが普通のことだと信じていました。しかし、ジョー・コーポレーションの傘下に入るなかで、子会社だから福利厚生や社内規程も同じものにすることや、働き方についても本社に準じていくという話になっていきます。そのいずれも社員にとっては恵まれた内容ばかりであり、僕はとても驚きながらもそれまでの自分の至らなさを痛感しました。なるほど会社組織というのはこうしたことに気を遣わねばならないのかとようやく学んでいったのです。会社を巡るさまざまな規定を整理してジョー・コーポレーション本社に準じた諸規定になり、福利厚生の規約も同じようにつくられていきました。これで完全に子会社としてスタートすることになったのです。

個人的には子会社となって大きく変わったのは資金繰りの心配をしなくて済むようになったことです。その頃のジョー・コーポレーションは売上１００億円ちょっとで経常利益は10パーセントの優良企業でした。会社の資金は本社がすべて面倒をみてくれますのでとても楽でした。それまでは社員の給料にしても業者への支払いにしても、支払い日の前には資金調達に駆け回ることが通常で、その都度胃の痛くなる思いをしていました。それから解放されただけで精神的に随分と楽になったと感じました。資金繰りから解放されると経営者は羽を得るといいますが、それを実感しました。

僕の報酬は以前よりだいぶ下がりましたが、それよりも社員の待遇や福利厚生がしっかりしていたことでとても安心できたといえます。このような会社による経済的な後ろ盾が社員のやる気を引き出すのだと、また一つ学びました。

資金繰りから解放された僕は、それからは自由に飛び回ることができました。それがそのまま会社の業績につながっていったのです。初年度こそ変則決算のため赤字でしたが２年目は売上11億３０００万円で経常利益が１２００万円、３年目が売上15億円で利益が1億５０００万円と、それなりの結果を出すことができたのです。ジョー・コーポレーションという会社に少しではありますが恩返しをしていける気になっていきました。

腐ってはいけない

ジョー・コーポレーションは分譲マンション事業が中核事業で、さらに店舗、住宅、賃貸マンションの建築請負いを手掛けていました。当時は拡大一途でエリアも四国を起点として、中国地方、九州へと販路を広げ、東京にも支店を展開していました。社員は百数十人で、毎年新卒も大量採用し僕が入ってから３〜４年で社員数は６００人を超えるようになりました。

ジョー・コーポレーションは前身の創業そのものは古く、１９５０年のことです。当時は愛媛県内子町が拠点でした。その後、中岡組の名称で法人化して土木建築の請負いをやり始めたのです。賃貸マンションの建築などに手を広げていったのは、昭和から平成に変わった頃のことで、さらに北海道に本社をおく土屋ホームと業務提携して住宅事業を本格化させ、分譲マンション事業も始めるようになりました。そして松山市に本社を移転させてからは社名をジョー・コーポレーションと変え、その2～3年後のタイミングで傘下に入ったのです。

中岡社長は3代目で、僕より10歳上でした。口数は少なく仕事熱心な人で、会社の急成長は中岡社長の力によるものだったと断言できます。会社の組織づくりの基礎を学んだこととともに、急速に伸びていく会社のありようも見れたのは貴重な財産になりました。

経営面でも具体的なノウハウや大切なマインドなどを学びました。ちょうどその頃のジョー・コーポレーションに大型のM&Aの話が舞い込んできたのです。福岡にある老舗の高木工務店というゼネコンの再生案件でした。

高木工務店は大正時代に創業した福岡でも有名なゼネコンです。しかし、2002年に217億円の負債を出して民事再生の申し立てをしました。特にバブル期にはどこのゼネコンも行っていたことですが、ゼネコンが創注といって先行して不動産投資を行い、そこから注文をつくっていくという例がたくさんありました。

その後、バブル崩壊とともにそれらの不動産は不良債権化します。高木工務店もそうした不良債権としての土地をたくさん抱えてしまい、また数十億円単位でマンションデベロッパーの借入を債務保証したり、手形の裏書をして焦げ付いたりした結果、経営を圧迫したのです。また請け負った仕事で工事代金などを払ってもらえない例も少なくありませんでした。なかには3億円ものホテルの工事を請け負っておきながら、まったく支払ってもらっていない例もあったほどです。当時は老舗の工務店など、古い体質のままの会社がよく見られたのです。

僕が九州にいたということもあり、デューデリジェンス（経営状況、財務状況を調べること）では僕が監査法人や本社経営企画担当と調査に赴き、会社の経営陣や技術者とも話をしました。調査していくうちにこの会社は、マンション建設では卓越した技術力を有していると分かりました。地元でも技術力は広く知られ、技術の高木とまでいわれていたのです。また、残ってくれた社員も優秀でした。これならジョー・コーポレーションとのシナジー（一つになることで生じる相乗効果）は十分に見込めると手応えを感じることができました。

僕はM&Aについてもいろいろな勉強会で話を聞いていて、実例も学んでいました。そしていずれは自分でも手掛けたいと思っていたので、本社にぜひともこの機会にチャレンジしたい、ぜひ僕に高木工務店の再建をやらせてほしいと頼みました。

しかし、ほかの首脳陣からしてみれば新参者の若い僕に任せるのが面白くなかったのか、なかなか思うように計画は進みませんでした。それに加えて僕にはM&Aの経験がありませんでした。結局本社から現場担当の常務が、高木工務店に送り込まれることになりました。

その常務が新社長として赴任し、社名もジョー・コーポレーション高木と改めて指揮を執ることになったのです。僕は社外取締役として月に一度の取締役会に出席するだけとなりました。もちろん悔しい思いはありましたが、本社の決定だから仕方ありません。この役職の範囲内でM&Aを成功させるべく努めることにしたのです。

本社の常務が正式に社長に就任するまでに僕がやらなければならない仕事がいくつかあり、いちばんたいへんだったのが不良債権の処理でした。その頃、ちょうど決算までタイムリミットが迫っていたのです。民事再生の申し立てが認められると、債権の一部が免除されます。当然それに相当する不良債権を処理しないと免除益というものが生じてしまい、つまり債権（マイナス分）は免除されたのにまだその債権を資産としてもっていることになって、それはプラス分だと判断されてしまうわけです。そうなるとお金がなくて倒産したのに、免除益に対する税金を払わなければならなくなってしまいます。

　不良債権のうち、最も大きかったのはホテルの3億円の未収入金でした。相手は営業しているホテルであるため、いずれ回収の可能性があると判断され、税務署が損金として認めてくれないのです。やむなくサービサー（債権回収会社）にこの債権を買ってもらうことにしました。結果的に3億円の債権はたったの30万円にしかなりませんでした。不良債権を慌てて処理しようとする場合、このように買い叩かれてしまうケースが多いため、本当なら避けたい判断でした。また、さまざまな帳票を調べた結果、従業員の横領も発覚しました。その社員に不自然な点を指摘すると、途端に事務系の社員3人が会社に来なくなりました。その後、細かく調べていくと横領総額は5000万円に達していることが判明し、この件は刑事事件にはせず穏便にことを済ませることにしましたが、それでも損害は避けられませんでした。細かい問題はほかにもいろいろありましたが、なんとかすべての問題を解決して新しい社長にバトンをつなぐことができました。

　その後、この再建について僕が手を出すことは少なくなり、大分の子会社での仕事で忙しく動き回っていました。そして1年ほど経ってから、中岡社長から連絡が入りました。

前年バトンを譲った高木の件で、今のままでは再建することができないという内容でした。というのも、再建のために送り込まれた本社常務はもともと技術畑の出身で現場の経験は豊富ですが経営についてはあまり経験したことがなかったのです。それで1年目は赤字で終わったということでした。このままでは今期も赤字になる可能性があるため、大分と兼任で社長をやってほしいと言われました。僕は、一度やる気でいたところを降ろされているので意地を張って断ってもよかったのですが、M&Aには興味がありましたし、なにより最初のデューデリジェンスから関わった会社なのでぜひとも再建させたい気持ちもありました。

そうした思いが一瞬頭をよぎってすぐに、精一杯頑張りますと返事をしていました。さらに、1年で黒字にできなければ責任を取って辞めますとまで言い切ってしまい、日付の部分の書いていない辞表を中岡社長に預けました。この再建には本気で取り組みたいと思ったからで、あとには引けません。M&Aに僕は背水の陣で臨むことになりました。

高木の技術力にジョー・コーポレーションの商品力・営業力が加われば十分に立て直しは可能だと信じて、とにかく再建へと走り出すよう精一杯に努力を始めたのです。

会社は社長次第

会社の立て直し策として考えたのは、営業の強化と社内の無駄を省いていくというシンプルなものです。同時に、一番大切な社員の意識改革も推し進めたいと考えました。当然、社員は誰一人辞めさせることなく再建を進めていく覚悟です。

事業主として分譲マンション事業を行うと利益率は高くなります。ただ、その事業が失敗すれば大きな損失を出すこともありますから、これはハイリスク・ハイリターンになります。当時、ジョー・コーポレーション本社では分譲マンション事業は企画から設計・施工・販売まで一貫して自社で行っていました。それによって高い利益率を維持していたのです。

高木もそうして進行中の分譲マンションがいくつかありました。ところが、高木では販売の人員が足りないからといって、モデルルームが完成しているのに販売を始めていない物件や、近隣の悪質な妨害を受けて工事が止まっている物件もあったのです。僕は、悪質な妨害にはたとえそれが近隣住民といえども毅然とした態度で臨み、訴訟や損害賠償請求も辞さないと迫り工事を続行させせました。

販売の面では、九州各地の分譲マンションのモデルルームを回り、販売活動をしている優秀な販売代理の会社を探し出しました。分譲マンション事業は事業主の代わりに販売だけを請負う販売代理という営業会社がいくつもあります。なかでもひときわセンスのいい営業をしているアライアンスという会社と出合いました。この会社を見つけたのは別府市のモデルルームで、さっそく福岡市にあった本社に中垣昌康社長を訪ね二つの物件の販売の代理を依頼しました。アライアンスは福岡を代表するマンションデベロッパーで、当時は中垣社長が独立したての頃で、販売代理から事業を始めたばかりだったのです。

一方、無駄を省いていく点では、例えばオフィスが営業と技術陣が別のフロアに配置されていたのを同じフロアにまとめることにしました。ワンフロアで社員全員が顔の見える空間で仕事をしてもらうように変更しました。顔が見えることで互いの仕事への理解も増し、営業と工務のコミュニケーションも増えていきます。古い現場の人にしてみれば、若い営業マンの言葉に反発することが珍しくありません。それが同じフロアでコミュニケーションを取ることで解消されると考えたのです。

ほかに抱えている資材についても整理していきました。ゼネコンではトラックなどを自ら使うことはほとんどありません。所持していたトラック数台は売ってしまいました。倉庫もいらないのでこれも返却です。必要なものを必要なときに必要な分だけ調達する。それが基本だというのが僕の考えであり、それを徹底させました。例えばトラックなら償却は5年です。毎年経費で2割しか落ちない500万円のトラックを買えば、1年では100万円しか経費で落ちず、償却できない残りの400万円には税金がかかるのです。おまけに車検や保険、整備費や駐車場代まで考えれば、年に数回しか使用されないのならば面倒でもレンタカーを借りたほうが安く上がります。そうして細かく説明して社員の経費感覚を改めていくこともまた重要でした。

それから古くからいる社員たちと可能な限り会話をしていくようにしました。僕の前任の社長は技術畑出身ということもあり、この会社の技術者たちの意向を尊重し過ぎて現場の人たちの意見を大切にするあまり広くて快適なオフィスを追加で借りたり、今まで使っていたからというだけでトラックや倉庫も維持し続けたりしていました。一つひとつは小さなことでも、その積み重ねが1年目の赤字につながったのだと思います。この会社が倒産した理由を全員で考え理解して、立て直しのプランを全員で策定していきたいと考えたのです。そのためには真正面から本音でぶつかり、語り合わなくてはなりませんでした。

高木でも毎月末の夕方に全社員を集め、その月の業績を全社員に周知するようにしました。会議終了後に社員たちと居酒屋などで酒を飲みながら話をする場をつくったのです。全員の仕事ぶりについてヒアリングし、同時に自分自身の仕事観や人生観も話しました。

新入社員たちとは一次会終了後に酒とつまみを買い込んで自宅に移動し、夜遅くまで酒を飲んでさまざまな話をしました。社長が自分のことを知っている、社長と一緒に遅くまで飲んだというだけでも信頼関係のベースは構築できます。当初は無愛想に話を聞いていた社員も何度か話をしていくうちにこちらの言うことを聞いてくれるようになりました。少なくとも社長である僕がどのような希望をもち、いかにして目標を実現していこうと努力しているのかという姿勢は理解してくれたはずです。

一度心を開いてくれた人は、本気で仕事に取り組みます。特に昔ながらの技術者たちは職人気質なところがあり、一度信用すればとことん頑張ってくれました。もちろん、こちらも仕事ぶりに応えていかなくてはなりません。実績が上がれば昇給したりボーナスを出したりすることで信頼関係は好転します。いくら耳に心地良いことばかり口にしても昇給はなくボーナスも出ない、会社は赤字という状態では誰も信用してくれません。そのため、給与やボーナスでは社員の頑張りを可能な限り反映させるようにしました。

こうした日々を積み重ね、1年後には黒字化を実現しました。社員との約束を守ることができたのです。

どんな立場でも最大の努力を

この頃は子会社となったジョー・コーポレーション大分の社長も兼任していて、週に5

日は福岡の高木で仕事をし、週末は大分、合間を縫って各地の営業所回りをしていました。まったく休みなしです。宮崎の営業所を訪れる際には移動時間がもったいないので福岡で午後９時まで仕事をして、車で移動しました。午前12時か１時に宮崎のホテルに到着し、食事など済ませて３時頃に寝て、朝は普通に営業所に出勤します。移動はなるべく深夜にして、朝から移動先で動き回れるようにしていたのです。まだまだ体力があり、心身ともに充実していた時期でもありました。

大分の会社は30人ほどの規模になっています。子会社化される前よりもかなり増えました。本社が新卒を一括採用し、そこからも何人か配属されています。なにしろ本社では毎年１００人前後の新卒採用をしていたのですから拡大していく一方でした。

九州では高木以外に、もともとあった本社の宮崎営業所も高木に取り込み、M&Aで鹿児島支店を開設しました。福岡、宮崎、大分、鹿児島の４拠点で社員が１２０人、売上61億円、利益が３億円ほどの組織に成長しました。

この４拠点がかなりの大きさに成長し、九州全体で一つの会社に統合しようということになり、高木を存続会社（統合・合併後に残すことになる会社）として社名はジョー・

コーポレーション九州に変更して合併し、僕が社長に就任しました。本社は旧高木の福岡におくことになりました。僕のいたジョー・コーポレーション大分などは消滅したので僕の創業したケイズ時代から残してもらっていたわずかな持ち株もすべて手放し、この時点で僕は本当の意味での雇われ社長となりました。身軽になって気分がすっきりした半面、少し寂しい思いもありました。

ジョー・コーポレーション九州は、もともと僕が創業した会社と、高木工務店、それにM&Aで進出した鹿児島に本社の宮崎営業所が合併して誕生しており、僕に全権が委ねられている状況でした。例えば九州内でマンションの用地を仕入れるときなど、もちろん本社にも事前に相談したうえで、基本的には僕の一存で決めることができました。それによってスピード感も出ましたし、それが好成績にもつながっていたのです。これをいちいち本社に問い合わせて、各事業部の手続きをして決裁を仰いでいると決済までに長い時間が掛かってしまいます。

ところが、会社組織というのは大きくなればなるほど理屈が通らない部分が出てきます。そのような事態が僕の身にも降りかかってきました。

ある日、本社から用地買収などにかかる決裁についてこれまでのやり方を改めてほしいという電話が掛かってきました。僕の決裁権限はあくまで本社の支店長程度にとどめ、それ以上の案件は、すべて本社に稟議書を出し判断を仰げというのです。つまりジョー・コーポレーション九州という会社の社長でありながら、実質的には本社の支店長と同じ権限しか認めないということを意味します。

電話で話を聞きながら、頭のなかでは無数の疑問符が浮かんでいました。仮に九州の会社の業績が悪化していたり、なにかトラブルを抱えていたりした場合なら権限の縮小も仕方ありません。しかし仕事は順調で、特に問題となるトラブルもありません。むしろ社内環境も良好で、さらに業績は伸びていくのではないかと予想していたほどです。

親会社の中岡社長が乗っている社用車がトヨタのクラウンなのに僕が九州で使っているのが当時クラウンよりグレードの高かったセルシオなのは不適切だとも言われました。ケイズ時代から乗っている古い車だったのですが、その車も売却して個人で新たに車を購入しろというのです。また、福岡に借りていたマンションの家賃は出張手当から僕個人が支払っていましたが、手当が高過ぎるため手当そのものをなくすとも言われました。

ケイズから子会社になったときに下がった報酬は業績が好調になった場合元に戻す約束であったにもかかわらず、業績が好調になっても報酬は戻らず、そのうえ手当がなくなれば生活はやっていけません。

会社には恩義があったからこそ精一杯尽くしてきたつもりではいました。その気持ちに偽りはなかったものの支店長と同等の評価しかしてもらえていなかったことが寂しかったのです。

本社からの電話に対し僕は即座に、では辞めます、と答えていました。

最良のタイミングでの辞任

正直な気持ちを言えばいずれジョー・コーポレーションから出なくてはならないとは思っていました。もちろん、すぐにではありません。以前の分譲マンション問題で苦難を救ってもらった恩は決して忘れていないし、恩返しのために10年は働き続けようと思っていました。そののちは再び独立して、また自分なりの道を進みたかったのです。

この電話の少し前のことです。大分盛和塾で稲盛さんを迎えて、数年に一度の一大イベントがあり、その懇親会で稲盛さんと話をする機会があったのです。そのとき稲盛さんから、あなたはいつまでも雇われ社長をやっているようなタマじゃないよ、謀反でも起こして辞めたらどうだと言われていました。稲盛さんは僕が10代で独立し、のちに会社を興し、近隣住民との問題からやむなく身売りをして子会社にしてもらった経緯などもご存知だったようで、それを踏まえての提言だったのです。もちろん宴席での冗談めかした言い回しでしたので、僕自身には謀反など起こすつもりもありませんでしたが、この稲盛さんの言葉は胸に刻み込まれていました。

10年間は御礼奉公する覚悟でしたが、実質的に４年半、足かけ５年しか経っていません。受けた恩を返さねばという一心で寝る間も惜しんで働いた４年半の歳月でしたが、本社からの電話で一気にモチベーションが落ちてしまったのです。

中岡社長とはその後すぐに電話で話しましたが、僕が辞めると即答するとはさすがに思っていなかった様子でした。細かい条件面はこれから調整しようと慰留されましたが、一度口にすると、やはり辞めるのが最良の方法だと思えて仕方ありません。

辛い時期に助けてもらったことに誠心誠意を込めて感謝したうえで、辞める意志は変わらないと伝えたのです。中岡社長も僕の気持ちは理解してくれたようでした。

窮地を救ってもらっただけなく、中岡社長からは経営者として多くのことを学びました。一般常識さえなかった僕がどうにか九州全体を統括する会社の社長を任せてもらえるまでになり、この会社で得た財産は数えきれません。

ただ、今振り返ればこのタイミングで辞めるのは最良でした。そのまま御礼奉公の名のもとに長い期間勤めていると、すっかり腰が落ちついてしまって辞める機会が見つからなかった可能性もあります。そのときは36歳で、まだ独立してもやっていけると考えていました。もしも5年後に再独立をしようとしたら40歳を超えています。その年齢で果たしてもう一度チャレンジするだけの意欲があるかどうか、正直、自信はありませんでした。

この頃、九州の業績が良かったものの、本社の経営は苦しくなっていることを感じていました。ただ実態はどの程度のものなのか、本社の役員ではない僕は知る由もなかったのです。

先行投資としての大量採用が裏目に出たのかもしれません。それに分譲マンション事業では大量の完成在庫を抱えており、その影響も考えられました。拡大路線をひた走っていましたが、どこかで無理をしていた気はしていたのです。

ジョー・コーポレーションの副社長は中岡社長の弟で、やはり盛和塾の塾生でした。少し前に、副社長がジョー・コーポレーションでの事業について稲盛さんの前で経営体験を発表したことがあり、その際に稲盛さんから次のようなコメントをもらっていました。

あなたの会社の売上と利益を見ただけでバランスシートやキャッシュフローなど財務諸表を見ていません。稲盛塾長はそう前置きしたうえでコメントしました。「おそらくあなたの会社の自己資本比率は低く、借り入れも多いのではないでしょうか、経営をしていれば『まさかの坂』は何度でもやってくるのです。ですから、まさかの坂でもエンストしないエンジンが必要です。そのために財務内容を充実させなければならない。そうなると、やはり、足るを知る経営が必要です。私は決してお兄さんを否定しているわけではありません。京セラも慎重のうえに慎重を重ねて経営してきました。慌ててやることはありません。堅実に展開しながら会社を発展させていくことです」

まるで、将来を見透かしたようなコメントでした。後日この文章の載った盛和塾の機関誌を読み返して、鳥肌が立ったことを鮮明に覚えています。

上場の夢

会社を辞めるといっても、すぐ翌日から離れるわけではありません。しっかり引き継ぎもして滞りなく辞めていきたいと考えていました。2カ月間は顧問という肩書で引き継ぎや残務整理にあたりました。本社の今治支店長を社長に迎え、新体制をこの目で確認して会社を離れたのです。

一緒に連れていきたい社員もいましたが、引き連れていくわけにはいきません。また、ケイズ時代からの僕自身の顧客も誰一人として奪いませんでした。それが筋であり、過去に受けた恩を仇で返すわけにはいかないと思ったのです。あくまで僕一人が身一つで辞めると決めていました。

辞めたあとの展開については、少しの迷いがありました。新たに不動産会社を設立する決心はあったものの、会社経営のスタイルは悩みました。かつてのようにがむしゃらに仕事をして再び上場を目指すのか。あるいはセミリタイアとまではいわないまでも仕事量は控えて事務系のパートを一人雇い、個人投資家のようなこぢんまりとした会社にしようかという二択で迷っていたのです。

一人でやっていくことに特に問題はありません。むしろ、そのほうが気楽で確実だったのです。不動産業はやり方によって、年間売上10億円ぐらいの商いは一人でもできます。2億円、3億円の小さな投資用マンションを少しずつ開発して家賃収入を得る。これで年間1億円くらいの家賃収入は得られます。タイミングを見計らい毎年数棟ずつ売っていく。そして毎年数棟を新たに開発していく。数字を追わず、無理もせずなりゆきに任せるようなやり方です。マンションの企画と開発は好きな仕事だったため、気楽に楽しく稼ぐことができるうえにそれなりに優雅な生活もできます。また、資金繰りや雇用している社員の問題などで頭を悩ませなくて済むため、自分が儲けて遊びたいだけならこちらの選択が正解だというのは明らかでした。

もう一度株式上場を目指すとなると多くの社員を雇い入れて会社としての規模もある程度は大きくしていかなくてはなりません。以前のように無茶な働き方はできないまでも、多くのことを犠牲にしてでも仕事を優先する覚悟は必要です。

そのいずれを選ぶか。会社を辞めるまではいろいろと考え続けました。そして結論を出しました。辞めますと言ってから2カ月間、毎日毎日よく考え、考えに考え抜いて、やはり若い頃からの夢である上場を目指そうと決めたのです。セミリタイア的な生き方ならいつでもできます。上場を前提に会社を経営するのなら、体力と精神力に余裕がある今のほうがいい。全力で走ることができるうちに上場を目指そうと決断しました。

その際の中核となる事業は決めていて、ジョー・コーポレーションではやっていなかった投資用マンションの1棟売りをメインの事業に据えようと考えました。

会社の本社所在地は福岡市か大分市かで悩みます。当時、福岡だと付き合いのある業者も多く、事務所をもつのも手っ取り早くできたと思います。

ただ、時代はファンドバブル全盛期で不動産業界は好況でした。福岡でも上場不動産会社がいくつかあって、未上場でも百億円以上の売上の会社がいくつもあり、開発用地の争奪戦が繰り広げられています。それもかなり高騰していて、信じられないような高値で取引されていました。そんな世情のなか、福岡で新たに会社を設立したからといって容易に開発用地の仕入れなどできるわけがありません。慎重に考えたうえで、拠点は大分につくることにしました。

一方、ジョー・コーポレーションは僕が退職した3年後の２００９（平成21）年に民事再生の申請をしたのです。負債総額90億円で、なんとか再生の道を探り２０１２（平成24）年には民事再生手続きを終結させました。しかし、その3年後の２０１５年には72億円の負債を抱え自己破産の申請となります。再建は失敗に終わりました。

僕が辞めた年には売上３４１億円を上げて、これがピークだったようです。まさに、外部からは順風満帆に見えていたかもしれません。しかし、実はすでにその頃から拡大路線のツケが回ってきていました。特に分譲マンションの完成在庫は膨れ上がり、売上も借入金も同時に増えていく状態でした。民事再生を申し立ててからは、分譲マンション事業からの撤退、戸建住宅事業をメインにシフトしたものの、最終的には約72億円の負債を抱えて自己破産を申請しました。僕の辞める数年前に稲盛さんが予見し副社長に忠告したことが現実となってしまったのです。

会社経営のイロハを教えてくれた、僕の教師ともいえる会社がなくなってしまった、やはりこのときはとても寂しい思いにとらわれました。

新会社設立

2006（平成18）年11月、僕はついに新会社を設立しました。社員は僕一人、あとは派遣の女性スタッフを一人雇っただけでした。いずれ上場をすると決めていたので、後々のことも考えて、ビルの3階のワンフロア30坪ほどを借りました。だだっ広く、ここなら

10人は楽に入れます。そこに主のいない机を置きました。すぐにそのぐらいの社員を入れるつもりでいたのです。

まだ誰もいないフロアに会議室もつくりました。そこにぽつんと僕一人が座り、仕事をする。そこからのスタートでした。

16年を経た今も同じ場所に本社はあります。さすがにワンフロアでは足りないので３フロアと増やしたものの、入居しているビルはいまだに同じです。ちなみに、このビルのオーナーは若い頃に通っていたディスコ「ラブヒーロー」の当時の甲斐店長です。４歳上の同じ中学の先輩で、現在では大分を代表するＩＴ企業「ネオマルス」の社長として活躍しています。

新会社の社名のグランディーズは、英語の「ＧＲＡＮＤ（立派な）」に「ＥＳＴＡＴＥ（不動産）」のＥＳを組み合わせた造語です。ＥＳには何よりも「Employee Satisfaction（従業員満足）」の意味があり、社員が大満足する会社にしたいという願いが強く込められています。

経営理念は「我々の創造する立派な不動産を通じて、すべてのステークホルダーとともに物質的・精神的豊かさを追求する」と定めました。目標は3年以内に九州3県に拠点をつくり、株式上場を実現するというものです。

金融機関などにあいさつ回りに行くと、予想以上の歓迎ムードでした。すぐに融資にも応じてもらえ、資金繰りもうまくいき、ゼネコンも後払いで億単位の仕事を受注してくれたのです。がむしゃらに働いてきた姿や実績は誰かが見ていてくれるのだと思いました。職人として独立したときにも感じたように、真面目に頑張って仕事をして得をするのは自分自身だと痛感したものです。

今の時代、ベンチャーで起業する若い人のなかには事業を興すために多額の出資を募り、もしも失敗してもまた再挑戦すればいい、と考えている人もいると思います。一方で昔は、資金繰りに行き詰まり会社が潰れそうになったら保険金をかけて死ぬべきだとまで思い詰める社長がほとんどで、僕も同じように考えていました。金融機関も社長への追い込み方が容赦なく、自殺をすれば保険金はもちろん葬儀場に押しかけ香典まで持ち帰り、保証人や相続人が逃げないようにさまざまな手を打っていました。当時はどの金融機関も第三者の保証人を求めるのが常識だったのです。つまり誰かが会社を潰せば連鎖的に倒産が続き、健全な経営をしていた人でも連帯保証によって路頭に迷うという悲劇が起こっていました。だからこそ、社長といわれる人たちはみんな意地でも倒産はさせられないと必死だったのです。本当に死ぬ必要はありませんが、今の時代でもそのような気概だけは必要だと思います。

僕は計画どおり投資用マンションの販売から始めることにしました。土地を購入し、そこに賃貸マンションを建てて土地建物を１棟ごと販売する事業です。総戸数は20戸～30戸ほどで価格は２～３億円です。もちろん、初めは資金がないので土地代だけ銀行から借りて顧客の目途をつけてから建築を着工するというやり方にしました。引渡し時の顧客からの入金でゼネコンへの支払いを済ませたのです。

こうした投資用マンションの１棟売り事業は東京や大阪、福岡、札幌などの大都市では多く、地方都市ではほとんど見られませんでした。それを踏まえて大分で事業を開始するにあたって、僕が目をつけたのが株式会社ディックスクロキという会社でした。

ディックスクロキは元大工をしていた黒木透社長が宮崎から福岡に移り、そののち不動産業に従事して独立し、設立した会社は急成長を遂げています。２０００（平成12）年にはジャスダックに上場し、ピーク時の売上は268億円、福岡市中心部の多くのビルにディックスクロキの看板が掲げられていました。当時は日の出の勢いで、ファンド向けに一棟30億円以上もするタワーマンションなども手掛けていたのです。高木工務店再生の関係で僕は知り合い、さまざまなことを教えてもらいました。ただ、残念ながら2008(平成20)年11月のリーマンショックの影響で、181億円の負債を抱え民事再生を申し立てたのです。

しかしそこで終わる黒木さんではありません。民事再生の手続き後、責任を取る形で再生会社には残らず、新たにDipro株式会社を設立し、不動産業を営み始めました。ところが、その後設立した民泊運営代行会社が好調となってしまい上場を目指したことから2017(平成29)年にDiproを売却することになります。何を隠そう、それを買ったのが僕でした。高木再建当時の僕の仕事ぶりを見て、僕なら安心だと思ってくれたのかもしれません。真面目に仕事していれば10年以上経ったのちにこういうこともあるのです。Diproは僕の会社が買収して5年以上経ち、経常利益率20パーセント以上の高収益会社へと変貌しています。僕とはとても不思議な縁です。

黒木さんから大きな刺激を受け、土地柄も考慮したうえで大分でも投資用マンション事業が十分に可能だと考えたのです。また、資産家でなくてもこうしたマンション１棟購入に関心をもっている人が意外と多いということは、常日頃から実感していました。仕事をリタイアしたような人たちが自分の裁量で購入できる程度の不動産投資をしたい、と考えているのです。ただ、地方でこのような商売が成り立つと思っていなかったのか、リスクが大きいと思っていたのか、当時の大分では投資用マンション１棟売りを手掛ける会社はありませんでした。

投資用マンションは手を付けてから販売するまで１～２年ほどを要します。分譲マンションに比べると短いといえますが、それでも早く売れるにこしたことはありません。そのためには立地のいい土地を購入するのが絶対条件です。そうした土地を手に入れるためにはとにかく地元の不動産業者などに小まめに声を掛けて付き合い、情報が入るようにしておかなくてはいけません。

情報をもらったらすぐ現地に行き図面を描いて採算が合うかどうか計算します。いくらまでなら土地を買えるのか。どうやったら建築コストが下げられるか。そのような企画をつくり上げ、どう利益を出すかに頭を使います。この事業は企画段階でコストの8、9割は決まるので設計やゼネコンは値切ってもたいしたことがなく、その前段階が勝負です。土地代と建築コストのバランスを考えながら、とにかく経験を元に企画をつくるのが僕は大好きで、そこで勝負をかけていくことが上場への道だろうと狙いを定めました。

社員を雇い始めたのは会社を設立して半年ほど経ってからです。数人が入社し、いよいよ上場へ向けた再チャレンジが始まったのです。

第6章

再起、念願の
東証マザーズ上場

堅実な経営へ

新たな船出とともにスタートさせた投資用マンションの事業は予想どおり物件の企画段階から顧客がつき始めました。時代はファンドバブルの絶頂期です。ちょうど僕の再独立と同じ年にライブドアの当時の社長、堀江貴文さんが証券取引法違反容疑で逮捕されたり、それに関連して村上ファンドの村上世彰さんがインサイダー取引の容疑で逮捕されたりして、世間をにぎわせていました。ファンドビジネスがもてはやされ、なにかをつくり出すため額に汗してお金を稼ぐのではなく、お金がお金を生んでいくような稼ぎ方が注目されていたのです。

僕はまずこの投資用マンションで会社の土台を築いていこうと考えていたので、順調な滑り出しは喜ばしいことでした。ところが、世間の風はそう思いどおりにはいきません。会社を設立して3年目に、リーマンショックが襲ってきたのです。ちょうど船出したばかりの僕にとって痛烈な逆風となりました。いや、筆舌に尽くせないほどの大嵐だったといっても過言ではありません。

２００８（平成20）年、リーマン・ブラザーズの経営破綻を機に、世界中に金融危機が広がったことからリーマンショックの名が広まりました。原因はサブプライムローンの不良債権化にあります。

アメリカでは１９９０年代から２０００年代にかけて住宅バブルが起きていました。サブプライムローンは低所得者向けの金利の高い住宅ローンです。このサブプライムローン債権を金融派生商品としてほかの債権などと組み合わせ証券化し、大量に販売していたのがリーマン・ブラザーズだったのです。このデリバティブは世界中の金融機関が購入し保有していました。あとから考えるとかなり危うい金融商品といえるのですが、当時はそれなりにもてはやされ、高利回りな商品として広まっていたのです。

しかし、アメリカの住宅バブルが弾けて住宅価格が一気に下がっていきました。そうなるとローンを抱えた人たちは返済のために住宅を売り払っても全額は返せず、借金だけが残ります。つまり高利回りをうたったデリバティブが不良債権化していったわけです。そんななかでリーマン・ブラザーズが破綻してしまいました。これが引き金となって関連する債権をもっていた世界中の金融機関も破綻を懸念され始め、そこから世界的金融危機が引き起こりました。まるでドミノ倒しです。

リーマンショック直後は、日本には大きな影響はないだろうと軽く考えられていました。かつてのバブル経済の崩壊などに比べると対岸の火事のような思いがしていたのです。しかし、アメリカ経済の低迷からドルが売られ極端な円高になっていくと様相が変わっていきます。1ドル100円を切って80円台にもなったのです。

円高になれば輸出産業は大打撃を被り、日本でも株価が大きく落ち込み、それこそバブル崩壊前の1982（昭和57）年以来となる安値を記録しました。

特に金融、不動産、製造業の不況は深刻でした。派遣労働者が契約を切られる、いわゆる派遣切りが起き、年越し派遣村などが登場したのもこの年のことです。あらゆる業界に不景気の波が押し寄せ、国民の日常生活にまで波及していきました。そうして、大分にある僕の会社にまで影響が及んだわけです。

リーマンショックで業績悪化

リーマンショックは世界経済を揺るがしました。のちの2020（令和2）年からの新型コロナウイルス感染症拡大による不況は確かに世界経済を悪化させたものの、それとの決定的な違いは、新型コロナの場合には金融機関がまだ元気だということです。しかしリーマンショック時には金融機関の力が弱まりました。金融機関が不良債権により大幅な赤字を計上していったため、屋台骨が危うくなったのです。自己資本規制をクリアしていくため融資を絞って総資産を縮め、自己資本比率を高めざるを得なくなったのでした。

この事態が不動産業界に厳しくのしかかってきました。住宅ローンの申請をしても融資が通らないのです。顧客がその住宅を買いたいと言ってもローンが下りず、住宅を買うことができなくなりました。

ローンを申請しても減額されることも増えていきました。2000万円のローンを申し込んでも1800万円に減額されたりする。これまで大きな借金もせず金融事故なども起こしていない真面目なサラリーマンでも不況業種というだけでローンが通らないのです。1800万円しか借りることができないのであれば、こちらもその金額で売るしかなくなっていきます。そうなると、在庫を少しでも処分しようと同業者同士で激しい値引き合戦が繰り広げられ、さらに相場が下がっていくという負のスパイラルが発生するのです。

僕の会社は設立から2年しか経っておらず、まだまだ体力がついていない時期でした。目先の資金に余裕などありません。現金が入らなくては借りたお金の返済ができないのですから致し方ないのです。ローンがまともに通る顧客がいなくなってしまうとその減額されたローンの金額でも売らざるを得なくなりました。申請の通った金額でローンを組んでもらい、設定した価格より値引きした金額で販売することになります。このときはかなりの値崩れを経験しました。損することを覚悟してでも売っていかなくては資金が回らないのです。

財閥系の大会社ならこの程度の不況でも極端な値引きなどせず、慌てずにもちこたえられたかもしれません。しかし、僕らのような中小企業やベンチャーで始めた連中は今日明日の資金繰りに追われているため、時には叩き売りのようなことをしてでも手元にキャッシュを確保しなくてはなりませんでした。ちなみに、このリーマンショックの際に損をして販売した物件のなかには不況が収束した数年後、そのときの販売価格よりはるかに高い金額で取引されている中古物件を見かけました。東京の同業の友人などは、金融機関から急いで叩き売るように言われて手放したホテルが、数年後に数倍の価格で取引されていたのを目の当たりにして切なくなったとつぶやいていました。

リーマンショックでは、上場している不動産業者の３割に当たる37社が経営破綻し、特に独立系の不動産会社に至っては６割以上が経営破綻してしまいました。前年までは最高の売上、最高の利益を上げ、納税額も過去最高だった企業が、わずか半年から１年で資金難に陥り破綻していった例もあります。

その典型は広島を拠点に急成長を遂げていたアーバンコーポレイションです。日本全国、いや海外でもかなり手広く商売をしていました。１９９０（平成２）年の設立ながら２００８年３月期の売上は２４３６億円にもなっていたのに、同じ年に２５５８億円の負債を抱えて民事再生の申し立てをして破綻したのです。このようにファンドバブル全盛期の不動産会社は、わずかな資本を基に不動産を担保にして多額の借金をし、語義どおりにテコの原理のようにして売上を増やしていきました。そんなレバレッジ経営（わずかな自己資本を基に借り入れた資金と合わせて利益を上げていく、レバレッジ＝leverageとはテコの原理のこと）がもてはやされていました。その結果、利益は膨大になる一方で負債もとてつもなく膨れ上がり、わずかなつまずきがそのまま破綻へとなだれ込むことが多かったのです。

僕の会社も厳しい状況は続いていたものの、個人的には不思議と落ちついて対処していました。かつての分譲マンション販売における近隣住民とのトラブル時の苦悩に比べると精神的には安定していたように感じます。やはり、あれに比べたら、という思いが心のどこかにあったのだと思います。

結局、リーマンショック前には11億円近くあった売上がこの年には6億円台まで落ち込みました。もちろん最終利益は６０００万円ほどの赤字です。設立間もない会社にとっては決して小さくはない額でした。

会社は債務超過に陥りそうになりました。上場こそしていなかったものの、グリーンシート市場で株式を公開していたため、決算では監査法人の監査を受けなければなりません。もし債務超過になると、有価証券報告書にはゴーイングコンサーン（継続企業の前提に関する注記）がつきます。これは簡単に言うと、公にこの会社は危ないですと監査法人のお墨付きが付くことです。そうなるとどこの金融機関も付き合ってくれなくなります。僕は個人の有り金すべてをかき集めて資本金として会社に入れ、つまり資産をなんとか多くして、決算までに債務超過からは逃れました。

もちろん漠然とそれまでのような仕事を継続していたわけではありません。銀行の貸し渋りを前になんとか状況を打破しようと必死になっていました。そのため、いろいろな手を打って交渉を重ね、対策を講じていったのです。

思い切った事業転換

赤字にはなったもののリーマンショックの渦中で新たな方向も見いだしました。それはマンション事業から建売事業へのシフトです。

リーマンショック以降、銀行が融資を渋っていたためマンション事業は続行不可能でした。分譲マンションのＬＵＸＩＮも投資用マンションのＲＥＳＣＯも開発できるような状況ではなかったのです。

そこで手元に残った少ない資金を元手にして物件ごとにわずかな借入をして、建売事業にすべての経営資源を注ぎ込みました。というよりも、それ以外に選択肢がなかったというのが本当のところです。

リーマンショック前に僕は試しに住宅団地の1宅地を購入し、二つに分割、そこに建売住宅を建てて１６８０万円と１７２０万円で販売したところ、すぐに完売しました。これはいけるのではないか、ということで、それから事業としてスタートさせていたのです。

マンションと建売では回転率が違い、マンションだと1年、2年という間隔で考えなくてはなりませんが、建売だと数カ月単位で用地の仕入れから販売までを回していけます。僕のところだと、だいたい4カ月ほどで回すことができます。ただ、マンションの場合、分譲にせよ投資用にせよ、1プロジェクトが数億円になりますが、建売は1000万円台ですのでその分、販売数を増やしていかねばなりません。販売数を増やすには物件をたくさん仕込まなければならないのです。そのためには何より土地の情報が必要です。

情報は地元の不動産業者に集まります。そこで営業社員が担当の不動産屋を回り、新しい情報を探してくるのが大切な仕事になりました。

具体的には不動産業者を回ったり、あるいはインターネット上にある不動産業者のサイトをチェックしたりします。そうして土地の情報をかき集め、一つひとつ当たっていくのです。良さそうな物件が見つかっても、すぐに購入できる場合もあれば、なかなか買えないこともあります。また立地や価格、さまざまな条件が合わずに諦めることもあります。そのように決済まで至らない例もたくさんあるのですが、それも含めて数を当たっていかなくてはなりません。よく不動産は「千三つ」（1000の物件に当たって3つ決まるぐらい）と言いますが、とにかく情報の絶対数、つまり分母が重要になってくるわけです。

結局、会社設立3年目にはリーマンショックのため赤字になったものの翌年には売上が5億8300万円で経常利益が3300万円、その次の年が6億5600万円の売上で経常利益が5600万円、そして3年掛かりで売上を11億8000万円とリーマンショック前の成績まで戻し、それだけでなく経常利益は1億5800万円と利益率が13パーセントを超え、福岡証券取引所Q-Boardへ上場しました。以後新型コロナ禍まで、経常利益率は平均して15％を超え、ピーク時17％、最低でも13％を超えて推移しました。

どのような理由であれ、方針転換を決めたら、そちらに精力を集中すべきだなと思います。あれもこれも、という対応では僕らのような規模の会社は立ち行かなくなっていきます。リーマンショック時の大揺れの際に学んだのはそういうことでした。

選択と集中

こうして建売事業に全経営資源を集中し、推進していくことにしました。ターゲットは年収３００万円前後の一次取得層の若者たちです。コンセプトは、地方で真面目に働く若い人々が、無理せず買える良い家です。もちろん、60代、70代のリタイアした人で子どもたちも家を離れたので広い家は必要なくなった、夫婦２人が気楽に暮らせるコンパクトな家がいいということで購入する方もいます。また、地元出身の方が都会で定年を迎えて、Ｕターンで戻ってくるというケースもありました。こうした顧客層は今後増えていくのではないかと思います。

金利にもよりますが、２０００万円前後だと支払いが月々5～6万円台になります。賃貸住宅の家賃と変わらない支払いで持ち家が手に入ることになるので魅力的です。これが４０００万円台となると月々10万円を超える支払いになってしまい、年収３００万円だとほぼ半分が支払いに消えてしまうことになるので、負担はそれなりに大きいと感じるはずです。

建売の種類は方位や間取りごとに6パターンを用意しました。これに道路との位置関係によって左右の違いは出てくるものの、そのほかはまったく同じなのです。顧客に飽きられる可能性があり、内装も外観も少しずつ変えるべきではないかと営業担当者からも反発がありました。僕はそうは思っていません。例えば分譲マンションなどは数十戸という部屋がまったく同じ間取り、しかも大半は定番の間取りです。あるいはハウスメーカーの基本プランなど見ると分かりますが、間取りにしても外観にしても、実際にはここ数十年大きな変化はなく、たいてい同じようなつくりです。大きな変化がない理由は、何十年もの間そこで暮らす人たちとのやり取りを通してつくり上げた定番だからだと思います。最も多くの人が使い勝手がいいと感じる間取りをつくり上げたからこそ大手メーカーは何百、何千と同じような商品を建てていけるのです。

もちろん資金的に余裕があり、多少お金を掛けてもこだわりの家が欲しいという人はたくさんいます。そういった人は自ら土地を探し、自分とセンスの合う建築家を見つけ出し、ゼロからつくり上げていくのがベストです。人はそれぞれ考え方やライフスタイルが違うのです。だから、絶対に僕の会社がよいとか、大手メーカーがよいとか、あるいは著名建築家がよいとか一概に決められるものではないのだと思っています。

建物の性能機能は急速に進化しています。耐震性であるとか断熱材などは年々進化しているため、どんどん新しいものを取り入れました。

もちろん、人によってさまざまな要望が出てくることがあるのは確かです。そういった要望で特に多いものについては、定番のオプション一覧を作成し、それ以外の変更はきかないということにしました。それもすべて、地方で働く真面目な若い人が無理せず買える良い家をつくるためです。いろいろな注文や変更を請けていると、それはもう注文住宅と同じになります。スタッフもそれなりに必要になってきますし、注文住宅と同じ代金を設定しないと会社もやっていけなくなるのです。

また、僕の会社では基本的に値引きの要望には応じていません。不動産業界ではよくある商法ですが、高めに価格を設定しておいてそこから値引きに応じるようなことが横行しています。僕は、そのようなやり方はいかがなものかと思っているのです。もちろん売れ行きがよろしくなく、在庫が長期化して値引き販売をしたこともありますが、初めから値引きありきの価格設定は僕の好みではありません。駆け引きをするのは得意ではないため、基本的には在庫が長期化しない限り値引きには応じていないのです。

値引きをしないのには、もう一つ理由があります。それは顧客にとって僕の会社がいくら儲けようと損しようと何の関係もないからです。駆け引きをして利益を得ようと、損を覚悟で販売しようと、それも関係ありません。その地域でお買い得と感じて購入できれば顧客は満足するはずです。できるだけ公明正大でありたいという思いが、価格設定には表れているといえます。

こうして建売事業が僕の会社の主流になっていきました。投資用マンション事業はすでに復活していて、現在では1棟10億円ほどの大型物件も開発しています。これはある程度、資金の余裕ができたからです。

リーマンショックを経て、より手堅い事業構造にシフトしてきたつもりです。それも新規事業としても飛び石を打つわけでなく既存事業のやり方を変えたり、新しい仕組みやコンセプトをつくったりしてきました。かっこいい言い方をすれば選択と集中です。僕は臆病な面もあり、自分の分からない事業にはなかなか怖くて手が出せませんが、今後の成長のためには事業の再編や、新たな商品の投入も必要になってくることがあるかもしれません。そこは柔軟に対応しなくてはならないと思っています。

上場という目標

再独立して会社をつくったときは最初から上場を見据えていました。経営の反面教師はたくさんありました。僕自身の以前の失敗、ジョー・コーポレーションの破綻、ベンチャーで元気一杯に商売をしていながらリーマンショックなどで潰れてしまった会社、多くの失敗例を見てきました。

僕の会社では社員が大満足できる、今でいうワークライフバランスの取れた働き方ができる会社にしよう、そう決めていました。上場は僕の夢であり目標でしたが、それが社員にとって良いことなのかどうかといろいろ考え、自問自答もしていたのです。そして、上場した会社で働いているということは、社員本人はもちろん、家族にとっても誇りになるだろうし、新たに入ってくる社員にとっては心の支えになってくれるはずだ、何より会社の信用と安定につながるだろう、そういう思いから、再度上場を目指すことを決意したのです。

会社を設立してすぐに準大手監査法人の三優監査法人と監査契約をしました。当時の主幹事証券はディーブレイン証券です。普通は設立して間もない会社など相手にしてもらえないのですが、前職での実績があったのでどちらも契約してくれました。通常、いつ上場できるか分からない、いわゆるアーリーステージの会社に監査法人や証券会社などは契約しません。これは前代未聞だと聞きました。ちなみに上場の際はディーブレインは破綻しており、主幹事会社はエイチ・エス証券に変わっていました。

上場のために必要な費用は、監査費用だけで上場前でも年間でかなりの額が掛かります。それに非常勤の取締役や監査役、常勤監査役に上場担当取締役の給与まで入れると年に数千万円は上場準備費用が必要になるのです。リーマンショックによる赤字の際、常勤の監査役から、上場関連の契約を一度取りやめてはどうかと言われたことがあります。すぐに上場できるわけではないのでいったん旗を下ろして休んだらどうか、というのです。この監査役の方は銀行を定年退職された堅い人で、自分自身の雇用も含め、上場関連費はいったんすべて切ってしまったほうがいいと親切心から忠告してくれたようでした。

しかし、一度旗を下ろした企業が上場した例はあまり見たことがありません。僕は、今は厳しくても、まだ契約は続けるつもりだ、経費節減はするものの最低限の契約だけは続けていく覚悟だと話しました。監査役もそれで一応は納得してくれたのです。

実はリーマンショックから会社が落ちつくまでの半年ほどは僕も無報酬でした。僕個人の資産もすべてつぎ込んでなんとか債務超過は回避していたのです。債務超過になると上場どころの話ではありません。とにかくなんとかもちこたえて業績を急回復できたのも上場を目指していたからこそです。もしも上場という目標がなかったら、会社そのものは存続していたでしょうが、僕は緊張感のないままに働くようになってしまったと思います。

上場するためにはまず業績が悪いと話になりません。相応の業績は上げていかねばならないのです。それもただ売上を増やせばいいというものではなく、予実管理といって、あらかじめ決めた年間の経営計画どおりに進捗させる必要があります。そして、今後も成長を持続できるようなオリジナルのビジネスモデルがあるかどうかも重要なのです。

僕の会社の場合にはリーズナブルでコンパクトな規格型の優良建売住宅を地方で展開していくというビジネスモデルを構築したことは確かでした。当時、地方ではあまり見かけないやり方です。地方だと大都市に比べて地価が安いので、敷地をコンパクトにする必要性もなく、必ず庭のスペースを確保し、1宅地50坪前後というのが相場でした。

土地を狭めて無駄なスペースをなくし企画化した家を建てて売る、それ以外はやらない。売値も原価還元方式ではなく売価還元方式にする。普通はいくらで土地を買っていくらで建物をつくったから20パーセントの利益を乗せていくらになるという原価還元方式で価格決定を行っている会社が多いが、それもやらない。売価還元方式といって、このエリアでこの価格なら同業他社にも負けずに顧客にも喜んでもらえる。その販売価格から逆算して用地仕入れ価格の上限を決める。また、変形した土地があれば、それに合わせて設計をやり直したりするが、うちはやらない。あくまで規格化したプランがベースとなります。こうしたことが僕の会社なりのビジネスモデルだろうと思うのです。

また、上場のためにはガバナンス、内部統制、といった社内の仕組みも必要とされます。まずは社内ルールがそろっているか。そのルールに従いあらゆることがきちんとなされているか。そうしたことも大切になってきます。それで会社を立ち上げた際、社員が一人もいないときにコンサルタントに協力を依頼し、さまざまな規定集を作りました。

上場に関しては、特に予実管理ができないと難しいのです。目標が大きくてもそれが実現できなければ意味がありません。逆に目標が低過ぎてもダメです。特に上場申請期に予算に対し実績が下回ってしまうと、間違いなく上場はできません。申請前の2年間はこの予実に沿った業績を確実に出さなければならないので毎日胃に穴の開くような思いでした。ここが勝負どころであり、いちばん大切でいちばん難しいところなのです。

僕がそうだったように、上場を夢見る起業家はたくさんいます。ただ実際に上場のための準備に入ってもやめてしまう人も多いのです。当然ですが上場企業ともなれば会社の規模に関係なく、社長といえども会社のルールに従わなくてはなりません。社長の個人的な交際費などは使えなくなりますし、私的な用事で会社の車に乗るのもダメです。また、日常当たり前にやっていた仕事でも、事前に取締役会にかけたり、稟議書が必要だったりします。それは社長でも特例はありません。そういった細々とした点をいろいろと注意されると自分の会社のことは言うなと不愉快に感じる人もいるのは十分に理解できることなのです。

僕は、あの分譲マンションの反対運動がなければ、もしかするとやんちゃな幼稚園児のまま大きくなってリーマンショックあたりで一気に奈落の底に落ちていたかもしれません。あの反対運動で会社を身売りし組織というものを経験したことで幼稚園児が小学生、中学生、高校生と順を追って成長できたような気がするのです。人生にとって逆風もまたチャンスなのだと思いました。

東証マザーズに株式上場

上場に関しては、まず会社を設立して17カ月で、今はなくなりましたが、日本証券業協会が設けたグリーンシートという市場で株式を公開しました。会社を設立して17カ月での株式公開というのは当時新しくなったグリーンシート公開基準では日本最短の記録だったのです。そして、この翌年に福岡証券取引所で上場する予定でした。ところがリーマンショックが起き、上場どころの話ではなくなります。

改めて２０１２（平成24）年に目標を定め再び上場を目指しました。そして計画どおりに２０１２年12月に福岡証券取引所Q-Board市場で上場したのです。さらにその２年後には東京証券取引所マザーズ市場で上場を果たしました。

すべて予定どおりですが、そこに至るまで山あり谷ありだったこともまた確かです。

上場することによって会社の信用はかなり高まりました。これは予想以上です。もともと徒手空拳からスタートした会社なのです。信用については実績を見てもらうしかないと思っていました。しかしそれでは一部の人にしか会社を信用してもらえません。その点で上場企業という肩書は絶大でした。この信用というのは金融機関に対しても、多店舗展開していく際に他県の顧客、新規の取引先に対しても、そして採用活動でも新卒、中途採用を問わず効果的なのです。福岡証券取引所に上場したときからそう感じていました。

社員たちも、勤務先が上場企業であるという誇り、プライドが湧いてきているように感じます。

福岡証券取引所に上場したあと、それまでの経営体験を盛和塾の世界大会で発表する機会がありました。稲盛塾長、多くの塾生の前でこれまでの経験を発表しました。

このとき、稲盛さんは頑張っている経営者には両親が不仲で離婚したとか親が大酒飲みだったとか、そうした家庭的に不遇の人が多いように感じる、親を反面教師として頑張っているせいかもしれない、とも話していました。

この前の年に僕は30年以上音信不通だった父親と対面しました。父は病院に入院していて酸素吸入器を付けた状態でした。弟と2人で会いに行きましたが、意識もない状態です。最期が近いのでかたっぱしから血縁者を探し出し連絡をしていたようでした。父の姿、表情を改めて見つめましたが、実のところ何の感慨も湧かなかったのです。冷たいようですが、それが本当のところです。

その翌日の深夜に病院から父の死を知らせる電話があり、すぐに病院に行きました。まるで僕らに会うのを待ってからあの世へ旅立ったかのようでした。

もう恨みもなければ怒りもありません。父との思い出もほとんどありませんが、それでも父の亡きがらに対して心からお疲れさまと言って手を合わせることはできました。

このとき、父に対する感謝の気持ちも湧いてきたのです。それは、これまでいろいろと苦労してきたし、またこれからも険しい道程を歩んでいくことになるだろうけれど、それでも自分は運が良かったと思えてならなかったからです。家族や友人たち、社員にも恵まれてきたことを実感できたからです。

そうした幸運も僕が生を受けられたのは間違いなく父親のおかげでもありました。そこには感謝の思いしかなかったのです。

念ずれば花開くとか、思念は具現化するとか、強く持続した願望は必ず叶うといいます。東証マザーズに上場したときほどそう実感したことはありません。

上場当日のセレモニーでは東証アローズのＶＩＰルームで会社関係者が、社名が刻まれた木槌を手に持ち、金の鐘を五穀豊穣にちなんで５回叩いて鳴らします。僕はこのシーンを昔から何度も何度も頭に思い描いてきました。だから、この日の朝から丸１日に起きたことがまるで今までどこかで見たことがあるような光景、デジャヴだったのです。そして、僕が20年間思い続けてきた株式上場が実現した夢のような1日はあっという間に終わりました。

同時にそれは上場企業としての、新たな厳しい航海への船出だったのです。

第 7 章

上場の夢を叶え、
未来へ
バトンをつなぐ

M&Aは専門分野で行う

今後はM&Aも積極的にやっていきたいと考えています。ただし、飛び石を打つようなM&Aはしません。これは簡単にいうと、自分が知らない仕事はしないということです。あくまで建設業界や不動産業界、その周辺事業といった自分の専門分野でM&Aを積極的にやっていこうというのが僕の考えなのです。自分が知らない業界、仕事だといざというとき自らオペレーションできません。買収後も、その会社を良くしよう社員を幸せにしようと思っているのなら、自ら経営できない会社を買収することはできないと思います。だから、そうしたM&Aは避けるつもりでいるのです。

僕はまったく専門とは異なる会社を単に儲かりそうだからという動機だけで買ってしまってうまくいくのだろうかと疑問にも思っています。例えば中小企業の経営者で、本業がうまくいき始めると飲食店に手を出すケースがあります。居抜きでおしゃれな飲食店などが売りに出ているのを見かけると初期投資にお金も掛からないし儲かりそうだからと料理人を雇って店をオープンするのです。開店直後は店がうまくいっても、何かの拍子に料理人が辞めたりすると店の営業が立ち行かなくなり経営は行き詰まってしまいます。そして閉店という結末を迎えた話を本当によく聞きます。もちろん、そういったときでも自らの力で営業できる自信があるか、料理人が見つかるまで家賃や従業員を雇用し続ける余裕があれば話は別ですが、なかなかそうはいかないものなのです。

規模がもっと大きなＭ＆Ａも根本は同じだと思います。僕もそうですが、だいたい創業者で会社をやろうというような人は虚栄心の強いタイプが多く、目立ちたがりでお山の大将になりたがります。もちろんそうしたタイプだからこそ何十人、何百人の社員を引っ張っていけるのですから、そうした性格も否定するわけではありません。ただ、それが行き過ぎて謙虚さをなくすと会社の屋台骨を揺るがすような失敗を招く判断ミスを犯すことにつながるのです。経営者はどんなに好調なときも謙虚さを忘れず、大胆さと細心さの両極端を併せもつことが大切だと、自戒を込めて思います。

あまり知られていないかもしれませんが、今はＭ＆Ａバブルとでもいうべき時代になっています。M&Aの仲介会社というものが乱立し譲渡金額も高騰していて、テレビのCMまでも見かけるようになりました。仲介会社は譲渡希望の会社の情報を譲受希望の数社に伝えて、最も良い条件を付けたところに買ってもらい、手数料を稼ぐというのが一般的なM&Aの仲介のやり方です。

僕のところでは、5年ほど前にDiproを子会社化しました。普通なら仲介会社に頼んで入札してもらい高値で売却するのが手っ取り早い方法ですが、それをするとまったく知らない企業が譲受することになります。特に不動産管理会社などのストックビジネスは人気があり高値で取引される場合が多いのです。つまり仲介するにはもってこいな会社だといえます。しかし、そうした譲渡では物件だけを手に入れて社員は辞めさせてしまう可能性もあるのです。社員は別の勤務先を探さないといけません。それも買ったほうの自由なのです。そうしたことに陥らないよう、知らない仲ではない僕に社員の雇用と雇用条件の維持を条件に買ってもらえないか、という話になったのです。あれから5年が経ちますが、Diproは高収益な会社に生まれ変わっていますし、元からいる社員たちも元気に仕事をしています。

僕もコロナ禍の前からあちらこちらにアンテナを張ってＭ＆Ａの案件を探しています。数十社は検討し、なかには諸条件も折り合い最終面談まで済ませた案件も２、３ありましたが、最終的にはほかに決まってしまいました。こういった案件は縁なので仕方ないと思っています。無理をして強引に高値で買収するような行為は、会社をただの物として売り買いするようなものだと思うのです。

また２０２２年10月には、レオパレス21社の子会社で注文住宅を展開する株式会社もりぞうの株式を取得し子会社化しました。

さまざまな資料に目を通し、直感ではありますが再建は可能だと思ったのです。その理由はいくつかありますが、まず僕が熟知している事業だということ、そして長年勤めている社員が数多くいること。そして何より大義名分が立つＭ＆Ａだったということです。

安定した経営のための社風づくり

僕の会社は4年前、平成から令和に元号が変わった2019年から新規卒業者の定期採用を始めました。現在では営業マンの3分の1が生え抜きの社員になっているので、今後もその比率は増えていくことになると思います。新卒で入ってくる若者たちは、やはり九州出身の社員が多く、男女比は半々くらいです。彼らが成長していくことが会社の成長に結びつくと信じています。

僕は社員が物質的にも精神的にも幸せになれる会社をつくるつもりであると、いつも話しています。簡単にいいますと、定年まで安心して働ける会社にするということです。本人がこの会社が好きで、やる気さえあるなら定年まで安心して働いてもらいたい。そのためには会社も成長して、しっかり昇給もさせるので、私生活も充実してもらいたい。出産や育児をしながら働きやすい会社にしたいとも話しています。そのため子育て支援についても、大企業ではないので豪華な福利厚生施設をどうのこうのとはできませんが、縁あって就職したみんなが働き甲斐のある会社にしたいと本気で思っています。

僕の会社では新卒で入ってきた社員は主任からチーフ、リーダー、マネージャーと昇格していきます。チーフまではそれぞれ個人の成績と必要な資格取得で比較的簡単に昇格できる仕組みになっています。リーダー級以上が管理職です。今では新卒第一期生の役職者も誕生し、今後もどんどんプロパー社員が活躍していくと期待しています。

今の新入社員は当然ですが僕より学歴があって優秀で、若さに溢れ希望に燃えています。新卒の枠は今後さらに増やしていくつもりでいます。インターンシップなどで僕は学生に、うちには早く入ったほうが得だぞ、とよく話しています。これから会社が大きくなっていくと入社するのも難しくなるぞと、半ば冗談ですが、かつてジョー・コーポレーションにいた頃もそんなことを口にしていました。会社が大きくなっていき、本当に多くの学生がエントリーしてくる光景を目の当たりにしていました。超一流の大学を卒業した若者もいましたし、実際に仕事をさせると優秀な子も少なくありませんでした。今、自分たちがこの入社試験を受けたら入れてもらえるだろうかと、当時の幹部連中とよく話しました。

そもそも僕の学歴ではエントリーもできないだろうと笑っていました。

運悪くジョー・コーポレーションは会社そのものがなくなってしまいましたが、僕の会社はそうした不幸だけは絶対に避けなければなりません。そして、うちに新卒で入ってきて頑張った社員が会社の役員になる。そんな日が早く来てほしいと願っています。夢や目標があれば人は前向きに頑張っていけます。そうした若者たちに安心して長く働いてほしいからこそ、僕の会社では会社の財務内容も社員たちに公開し、社員教育にも力を入れているのです。

若い力を社風に加えていく

以前、高木工務店を再建したときに感じたのですが、老舗といわれる企業には決して古さだけではない歴史の厚みがあります。それはベンチャー企業などが一朝一夕でつくり上げることができない社風といったものです。若い人はそんな古い体質は……などと敬遠したり批判したりしますが、良い点もたくさんありました。

老舗と呼ばれる企業で気づいたことは、さまざまな日常業務はマニュアルではなく、歴史が回しているということです。ルーティン化した業務ほどそうです。社風とか社の習慣といわれるもので、それは歴史がつくり出していました。

高木工務店の再建で意識改革以外に僕がやったことは会社としての方向性を決めることだけでした。実務は細々と指示しなくても長く勤めた社員の皆さんが歴史に裏打ちされた経験と知識で回してくれたのです。ベンチャー企業などの若い社長はこうした歴史を軽んじるきらいがあります。しかし、日常の仕事は同じ業界であれば古い会社だろうと新しい会社だろうとそれほどの違いはありません。不動産業も建設業も商売の基本は変わらないのです。僕も多くの経験をしてよく分かりました。

確かに若い頃は古いやり方を軽んじたり、新しいやり方を思いついてはどんどん試したりもしましたが、結局元に戻すということが多々ありました。基本にはなんでも、経験に裏打ちされたそれなりの理由があるのだと思います。もちろん古い習慣がすべて良いとはいえないのも事実で、そのあたりの見極めは大切です。

温故知新、古きをたずねて新しきを知るといいます。僕の会社の社員たちも、基本をしっかり身につけ、そこから学び、考え、新しいものを生み出す。そしてそれを先輩から後輩に伝え、さらに新しい人へと伝えていく。それができている会社ほど強くなっていくと知ってほしいのです。そうした風土、社風がつくり上げられるといいなというのが僕の理想です。会社は社風がつくるといっても過言ではありません。

過去を振り返り、また現在を見渡しますと、うちにも少しずつ良い社風が生まれてきているのではないかと、少しは安心しているところもあります。社風が根づきつつあるように感じますので、今後社員が増えてきてもそうした社風を大切にしていきたいです。

社員は同志

僕の会社では営業所ごとに毎月コンパを開催するようにしています。社員一人ひとりが胸襟を開いて話をするにはコンパがいちばん効果的です。

何か悩んでいるように見える若い社員がいたとします。その社員に僕がしかめっ面をして何か言いたいことはないのか？と尋ねても、よほど図太い神経をもっていないと社長に面と向かって言いたいことなど言えるわけがありません。そこでお酒の力を借りてバカ話などをしたあとに、最近仕事で気づいたこと、何かないかと聞くと、実は……と切り出しながら、日頃思っていることなどを話してくれます。そういった小さなことから信頼関係が生まれ、会社を成長発展させる同志としての意識が芽生えていくのではないかと思うのです。

こうしたコンパは月に一度、経費は会社が出して開くようにしています。ただいくつかの決まりごとはあり、基本は全員参加です。予算も決まっていて、社員同士が会話できるようなあまりにぎやかではない店を選ぶようにさせています。若いお客さんで溢れている人気店だとうるさくて話はできません。もちろんお酒を飲めない社員もいますが、そうした社員はノンアルコールでも構いません。コンパの第一の目的は社員同士が本音で語り合うことにあるからです。

コンパには僕も参加しています。各営業所は2カ月に一度隔月で回っているので、その巡回日に合わせて開催してもらうようにしているのです。

僕の会社のグループ全体の社員数は約１００人です。僕も、これぐらいの人数だとまだまだ社員のキャラクターから経歴、家族のこと、仕事の悩みぐらいまでは覚えていられます。先輩経営者が３００人くらいまでは大丈夫と言っていたので、まだまだいけると思います。

僕が考えている信頼関係というのは、なにも難しい四角四面の堅苦しいものではなく、社員一人ひとりが、この前、社長と一緒に飲んでカラオケを歌ったのだ、とか、社長は私のことをよく知っているのだとか思ってくれること、そういった人間関係の初歩的なもののでいいのです。

こういう形式が僕の社員との付き合い方なので、いまさらビジネスライクに格好つけた、常に枠をはみ出さない社長と社員の付き合いはできません。そもそも気高い、崇高な話をして社員から尊敬を集めるような能力は僕にはありません。今後も若い社員には身近な兄貴のように、同世代の社員には友人のように、先輩の社員には元気な後輩のように、しっかり付き合っていくつもりでいます。

社員は同じ目標に向かって戦う同志です。会社はちょうど団体スポーツのようなものなのだと、僕は思っています。

閾値を超える努力を

かつて僕が上場という旗を立てて、その旗を目指して邁進したように、人生・仕事において大きな旗は必要です。僕の会社でいえば「１００億円企業目指して」といったスローガンの類いです。

ただ、あまりに遠くにある旗だと、いつかは達成しようと思うだけで、そのいつかがいつなのか明確ではなくなります。時期の明確ではない目標はたいてい嘘になってしまいます。今年もダメ、次の年もダメ、そのまた次の年もダメとなると、オオカミが来たと叫ぶ狼少年と同じで誰からも信用されなくなってしまいます。目標が道標の意味をもたなくなってしまいます。

大きな旗を立てたら、その一里塚も必要です。その一里塚に向かって尺取虫が地を這うように地道に努力を重ねて、初めの一里塚までたどり着いたらその先の塚を目指して地を這っていく。それを繰り返していくうちに大きな旗にたどり着く、というのが理想だと思います。会社にとって一里塚とは、単年度の経営計画、そこからくる月次の目標といったものです。

尺取虫が地を這うような努力という例えをしましたが、これは目標を達成するために絶対に必要なことだと思います。そうした努力を続けていると必ず努力を努力と感じなくなっていくからです。そのためにも人生で一定の期間はとにかくがむしゃらに仕事をする時期が必要だと僕は思っています。そうすることで自分の限界を超え、殻を破り、それが可能になるのです。

社員に対しては閾値《いきち》を超えるという言い方をしています。閾値というのは物質などでその値を超えると一気に化学反応が起きたり、あるいは生物の感覚でその値を超えたときにある強い刺激を受容できるようになる値のことです。もちろん、体を壊すような無茶はいけませんし、我々の若い頃と時代が違うので同じようなことを強要するつもりもありませんが、今は今の時代に合った閾値を超える努力、つまり一つ事に没頭する時期があったほうがいいと思います。閾値を超えると、それまでは不可能だと思ったことができるようになります。その人にとって決して難しい仕事ではなくなるのです。

僕の会社の営業でも毎年十数棟を安定して契約している社員が数人います。彼や彼女が少し手を抜いたからといって５棟以下になることはまずありません。ところが実力のない営業は年間４、５棟でふうふう言っています。彼らは閾値を超えていないので10棟が難しく感じるのです。

経営者も同様で、僕はゼロから会社を設立して10億円規模までしろと言われたら、特に気負いもなく数年でできると思います。これが経験ゼロの起業家なら10億円の壁は高く感じますが、１００億円の会社をつくった人はゼロからやっても１００億円の会社はつくれる自信をもっています。閾値を超えるというのはそういうことなのです。

若い人たちは、一度は閾値を超える経験をしたほうがいいと思います。もう頑張りきれないというところまでやって自分の限界を超え、そのことを楽しんでほしいのです。最近はこういうことをいうとパワハラととらえられかねないので言い回しも難しいのですが、その努力が必ず自分自身の成長につながると信じています。

仕事を終えたあとの趣味に喜びを見いだしてもかまいません。趣味は生活に潤いや充実感を与えてくれますので、むしろ大切なことです。ただ、せっかく人生の大半に及ぶ長い時間を仕事に費やすなら、その働きのなかに喜びを見いだすこともまた大切ではないかと思います。人生の大半を占める仕事を楽しむことができれば、自分の趣味と合わせて、人生これほど楽しいことはありません。

仕事は趣味と違ってきついこともあります。時には辞めたくなることもあるかもしれません。ただ、その先に喜びがあるなら、夢があるなら、そのつらさにも耐えられます。そして必ず喜びや夢があると、断言できるのです。

僕は職人で独立した頃は毎日午前８時から夜は午後10時くらいまで働いていました。休みは月に一度あるかないかで、徹夜するような現場もありました。デスクワークではなく肉体労働なのでかなりきつかったです。また、25歳から35歳くらいまでの10年間は３６５日出勤、週百時間労働を自分に課していました。子どもの入学式や卒業式はもちろん行ったことはありません。日曜日の運動会に行くのも、昼の休憩時間にスーツのまま弁当だけ食べに行きました。現在は日曜日と大型連休、合わせて年に60日くらい休ませてもらっていますが、会社の休日以外に休むことはしません。

こうした仕事ぶりを聞いて休日が少ないと思う人もいるかもしれませんが、僕はほとんど苦にならないのです。これでもサボっている気がしてならないほどです。もちろん休んで家にいてもパソコンがあるのでちょっとは仕事もしていますし、大型連休もほとんど会社に来ています。こうした体質は、もう僕の体にしっかりと染み込んでしまっているのであくまで僕個人のやり方です。他人には強制しませんし、また、今の時代に合っていません。今の時代には今の時代なりの閾値の超え方があるはずですから、若い人たちにはそれを見つけて、とにかく一度は挑戦してほしいと思っています。

うちの会社は離職率がとても低いのが喜ばしいことですが、同業の社長からは社員への対応が甘いのではと言われたりもします。正直そこは否めないところではありますが、頑張っている社員にあまり厳しいことを言えません。ただ、努力もしないで会社の不平不満を言うような社員なら即刻辞めてもらいたいとは思っています。

うちの会社が好きだという人にはいつまでも働いてもらいたいと思っています。そうした社員だけが残ってくれればよく、どんなに仕事ができても会社の悪口を言うような社員にはいてもらいたくないのです。そうした対応を続けていき、会社に残った社員全員が手際の悪い社員ばかりだったら、それが僕の身の丈に合った社員たちなのだと考えています。そんな鈍くさい仲間と心を一つにして頑張ったほうが僕も社員もよほど楽しく働けると思います。

努力する習慣

僕が社員に望んでいるのはいくつになっても成長する努力をしてほしいということです。これまで多くの社会人を見てきて感じるのは、社会に出ると勉強をしなくなる人が多いということです。きっと学生時代はそれなりに勉強してきたのだと思いますが、仕事を始めて少し経つと見事なまでに勉強しなくなっていきます。まともに本すら読みません。日本経済新聞の記事もちんぷんかんぷんで、ビジネスの話がなかなか伝わらなかったりするのです。そうした姿を見ると、せっかく大学で勉強したことが無駄になってしまい、もったいないと思います。これは経営者にもいえることで、業績がちょっと良くなり事業が軌道に乗った途端に、まったく勉強をしなくなり遊びほうけている人たちもいます。部下に優秀な人がいればいいのですが、そうでなければ早晩会社は傾くだろうと思えます。本人はよいかもしれませんが、そこで働く社員がかわいそうでなりません。

僕は高専を中退し、いわゆる学校での勉強というものをまったくしていません。働き始めてから自分でもそのことを痛感しました。それで独立したあとはさまざまな勉強会に参加し、勧められた本は必ず読むようにしてきました。特にビジネス書はむさぼるように読みました。それでなんとか周りに追いつこうとしました。マスコミなどで聞いたことのある経営者には、僕のほうからどんどん飛び込んでいき、知り合うことができました。そうした人々から薫陶を受けることもできたのです。多くの経営者の皆さんから教えをもらって、その教えを杖として頑張ってきました。それだけ勉強して、やっと周りの経営者とともに経営の話ができるようになったと思います。

そこで、うちの会社では社員全員に月に一度読書レポートを書くことを義務づけています。ベストセラー本でもビジネス書でも自己啓発本でも何でもかまいません。とにかく月に最低でも1冊は本を読むことを習慣づけなさいと言っています。

読書レポートは1枚にまとめて月末までに提出させます。それに対して僕がすべてに目を通して感想を赤ペンで記すことにしています。みんな、いろいろな本を選んできます。レポートに目を通す際、内容をつかむためにAmazonのレビューなどを見ておくようにしていますが、なかには明らかにそのAmazonのレビューを丸写ししている社員もいました。そのときはレビューで見たことあるなと赤ペンで書き込みました。毎回同じような感想に終始する人がいれば、そのことも指摘します。一方、ビジネス書などの内容に入れ込んで事細かに調べた感想を送ってくる人もいます。立派なことを書いている割には職場ではあまり動いてない人もいれば、いつも僕のほうが教えてもらうような感想を書いて、職場での働き方もすばらしい人もいたりして、この読書レポートは非常に面白いです。

新入社員の頃だと熱心に日経新聞を読んだり仕事に関する本を買ったりしていたのに、どうして読まなくなってしまうのか。これは決めつけるわけではありませんが、たいてい結婚して家に帰って晩酌を始めるようになると勉強しなくなるようです。帰宅後、酒を飲みながらテレビかインターネットを見て、あとは寝るだけです。

数年もすれば勉強する人としない人との差はとても大きくなります。いったん学ぶことから離れれば、たまに本を買っても読むだけで疲れてしまうようになります。日経新聞を読んでも新しい経済用語を理解できず、ますます学ぶことから遠のいていくのです。

営業職は会った瞬間の雰囲気や見た目で判断されることが多いのです。そのときには人物や人柄も見えてきます。見透かされてしまうのです。そのためにも、まずは中身を鍛えることは怠ってはいけません。

会社の経営は人力飛行機を飛ばすのと同じです。鳥人間コンテストの人力飛行機を思い出してもらうと分かりやすいと思います。ひたすらペダルを漕いでいれば上昇していきますが、足が止まった瞬間に湖へと落ちていくのです。

これは経営だけでなく個人にもいえることです。社員も日々の努力を怠らなければ、仮にうちの会社を離れたとしてもほかの組織や仕事でもすばらしい人生を歩めると思います。うちの会社に貢献してくれることも大事ですが、彼や彼女らが職業人として今後生きていくため、努力する習慣を身につけることのほうが大切だと思っています。

プライベートの面からも、ともにアスリートである2人の子どもにはいつも刺激を受けています。長女は大学時代にやり投げで日本一に輝き、長男はサッカー高校全国大会常連の強豪校に進学し、2年生から正ゴールキーパーとして活躍しています。こうした2人の活躍は誇らしいと同時に、負けていられないという発奮材料になっています。

始めるに遅いということはない

商談をしていると雑談で、学生時代になにかスポーツをやっていたかなどと聞かれることがあります。こう聞いてくる人たちはたいてい高校・大学と有名強豪校でプロを目指せるレベルにいた人たちが多いのです。僕はあまりやっていなかったので正直に答えます。過去のスポーツ歴に自信のある人たちは得々と戦績について教えてくれます。それはそれですばらしいことです。ところが、現在の彼らの姿を見ると、たいていの人たちが見る影もないような体型になっているのです。学生時代のトップクラスのアスリートたちでも努力を怠るとそのようになるのです。

僕は42歳のときに、ちょっとしたきっかけからトライアスロンを始めました。現在、なるべく週2回、日曜日の午前中とノー残業デーである水曜日の夜はトレーニングをしようと心掛けていますが、こちらはただの趣味なので記録などは達成しないことが多いのです。

特に最近は株式会社もりぞうの子会社化の件もあって数カ月間は日曜も休まず、帰りも遅いので運動はまったくしていません。

トライアスロンを通じて新しいコミュニティーに参加できたことに感謝しています。今まで、社外では経営者としか付き合いがなかったのですが、トライアスロンを通じていろいろな人と交流できるようになりました。トップ選手がするような吐き気を催すほどのハードな練習会に参加することもありますが、社長という肩書抜きに付き合える人たちと真剣に練習すると本当に楽しいです。

僕はスイムが苦手で初参加の初心者向きの特別に短い大会でおぼれかけ、折り返しのブイにつかまって休憩し、犬かきしながら最下位で陸に戻ったのです。それから練習して、2022年のJTU（トライアスロン連合）認定記録会ではスイム400メートル6分28秒、ラン3000メートル11分34秒、別のスイム練習会では1500メートル25分台で普通に泳げるようになりました。

トライアスロンはフラットなコースの大会では2時間半を切っています。フルマラソンは45歳からずっと別府大分毎日マラソン（参加資格が3時間30分以内）を走っています。

このタイムを聞いて速いと思う人もいれば大したことはないと思う人もいるかもしれません。見当もつかないという人に分かりやすく伝えるなら、やはり中の上といった感じです。いつだったか、学生時代に大学リーグでサッカーをやっていたという男性の新入社員と5キロ走をしたことがあります。遊びでしたが、彼の父親が僕より年下だというのでその年齢差にちょっと驚いてしまいました。負けて当然かなと思いましたが、なんと僕が勝ったのです。

仕事でも運動でも鍛えれば人間の能力は必ず向上します。そしてそれは、誰でも、いつからでも遅いということはないのです。僕の経験からも声を大にして言いたいことです。

今後の役割と使命

50歳を過ぎてからよく考えることがあります。今すぐというわけではありませんが、世代交代についてです。老害というには早いでしょうが、僕もいつかどこかでそういわれるようになるはず。周りの経営者たちを見ていても70代、80代で若手に負けないぐらいの発想や活動力がある人も何人かは知っていますし、僕もそうなりたいと思うのですが、そうではない経営者も見てきています。

実績があったのに年齢を重ねると、やることなすことピントがずれてきたり、過去の成功体験に固執してやり方を変えようとしなかったりして、周囲の人たちが困っている場面もよく見かけます。自分が老害となっているということが分かるなら誰も苦労はしませんが、正直なところ僕自身もそうならないか心配でならないのです。経営者は他人が何と言おうと自分の考えを押し通すような場面も必要です。しかし、それがただのわがままであってはなりません。

だから後継のことも少しずつは考えるようにしています。創業者のビジネスにおける最後の夢は、最高のバトンタッチといっても過言ではありません。魅力的な会社になっていれば社内でも後継者になりたいという人はいくらでも出てくるはずですが、もし会社の経営が厳しくなったりすれば、誰も跡を継ぎたいなどとは思いません。そうなるとわが子に頭を下げて無理やり後継者になってもらうか、仲介会社に買い取ってもらえる会社を探してもらうか、それもダメなら廃業するしかないと考えています。

まだ今は、いずれ来るバトンタッチのときまでに魅力的な経営者になってすばらしい社風をつくっていくことを使命に掲げています。実はそれがいちばん難しいことなのかもしれません。

おわりに

このタイトルである「上場がむしゃら物語」はC＆Kという二人組のアーティストとの縁から生まれました。今から10年以上前に別府で開催されたイベントで知り合って以降交流を深め、彼らの2枚目のシングルが「上京がむしゃら物語」という曲名で、そこからインスピレーションを受けています。

考え方が人生を決める

長々と自慢話のような話をさせていただきました。僕はまだまだ50代をちょっと超えたぐらいの若造であり、今回の出版自体も少し面はゆいところもありますが、齢を重ねるごとに確信していることがあります。それは、幸せも不幸せも、また、人生の結果や仕事の結果もすべてその人の考え方で決まるということです。積極的で明るい考え方をしている人は、どんなときでも幸せに生きていけますし、否定的で暗くひねくれた考えをもっている人はいつまでも不幸な人生を送ることになると思います。

例えば経営者の仲間でも、僕から見ればはるかに大きい会社を経営し、収益も出て、誰もがうらやむぜいたくな生活を送っている社長がいます。しかし、その人と会えば、あその会社が気に入らない、とか、俺は頑張っているのに社員が働かないとか、あの会社にうまく利用されたなどと不平不満の言葉ばかり聞かされるのです。その社長を見ていると、ああこの人は永遠に幸せになれないだろうなと感じてしまいます。

逆に、僕の会社の若い顧客で、ご主人が年収３００万円台、奥様の収入はパートで60万円くらい。ギリギリの予算と支払いで建売を買ってくれる人たちがいます。そうした家族、夫婦でも、とても仲が良く明るくて、週末はいつも家族一緒に出かけているような人たちを見かけると、それだけで幸せのおすそ分けをしてもらったような気になります。誰もがこの家族を応援したくなります。このような家族を見ると僕まで幸せな気分になれるし、憧れのようなものさえ感じます。結局、幸せというものはそれぞれの人の価値観、考え方で決まるものだと思えてなりません。

仏教で足るを知る、ことを知足といいます。足るを知って感謝の心が根底にある人が本当に幸せなのだと最近強く思い始めたところなのです。思い返せば僕が20代でがむしゃらに仕事をしていた頃は、こういった感謝する心が不足していたからうまくいかなかったのではないかと思うこともあります。ただただ、会社の規模拡大だけを考えていた、それは簡単にいうと自分のことだけ考えていたということかもしれません。足るを知らないために無鉄砲になっていたのでしょう。それが無謀な拡大路線をひた走る結果となった原因かもしれません。

ただ、そんな無茶な仕事ぶりを続けていてもなんとか今日までやって来られたのは、自分が不遇な環境にあったからといって他人や世間を恨むようなことはなかったためかもしれません。単純に自分もお金持ちになりたいとか、成功したいとか、そのことだけは前向きに考えていたのです。もしも、これが斜に構えて世の中や周囲の人たちを批判ばかりしていたら、今の僕はいないと思います。

そして、20代後半で稲盛さんと出会ってから、さらに考え方が変わっていきました。僕の人生はこれで大きく変わったといってもよいと思います。僕のような学歴もコネも、もちろんお金もないという人で、自分は運が悪いとか世の中は不公平だとか思って世の中に対して批判的に思っている人がいたら、すぐさまポジティブな考えをもって明るく前向きに生きるよう変わってほしいと思います。

ただ、常に考え方や心を磨く努力は続けていなければいけません。人間というのは楽なほうに流れていきます。そのためにも良書を読む習慣は大切です。そして何より尊敬する師をもつことが大切だと思います。何を信じるか、誰に師事するかで人生は大きく変わります。僕もそうでしたが、人は信じているものに影響されていきます。だから信じるものを誤るととんでもないことになってしまうのです。それはニュースで見たり聞いたりして分かるような、カルト宗教にはまったり、大きな事件を起こしたりするのは方向性を見失ってしまった例がほとんどです。何を信じるか、誰に師事するか、そのことはとても大切なことだと思います。

偉そうなことを言っていますが、僕だってこの先大きく考え方が変わってしまう可能性はあります。事業の経営がうまくいっている最中、運良く宝くじでも当たって大金を手にして、世間からおだてられ、そんな有頂天のとき、僕も何かのきっかけで人生を狂わせてしまうことがあるかもしれません。調子の良いときなどあまりないのは寂しいことですが、成功したときもまた試練なのです。だから調子の良いときこそむしろ、いかん、いかん、試されている、と思うようにしているのです。

僕が社員にいつもこのような話をしているのは、自分の考えが変わらないように自分で自分を追い込んでいる面もあります。今回のように本を出してしまえばなおさらです。歯止めをかけなくてはならないほど自分が弱い存在だと知っていますから、自分が楽な方向に流れないよう歯止めをかけ続けているのです。

起業、就職、転職……。人はさまざまな悩みを抱えて、日々を生きていると思いますが、越えられない試練などありません。神様はその人が越えられる試練しか与えません。

学歴も、コネも、お金もなかった僕、都会に住んだこともない、ＩＴ企業家でもない、別府の田舎で建設業の職人だった僕、そんな僕でも、東証に上場し、すばらしい社員と楽しく一生懸命に仕事ができているのは、ひとえに考え方が人生を決める、ということに気づいたからです。

最後に、誰でも、いつからでも遅いということはありません。明るく素直に前向きに人生を歩んでいけば必ず運命は味方します。

この本をきっかけに、少しでも明るく頑張っていける気持ちになれば、こんなにうれしいことはありません。

亀井 浩（かめい・ひろし）

1970年、大分県別府市出身。国立大分高専を1年で中退後、建設現場で職人として働き、1989年に個人創業。翌年、有限会社ケイズを設立し、1996年に株式会社ケイズへ改組。2002年に同社は株式会社ジョー・コーポレーションの傘下に入る。その後、2006年に同社をスピンアウトして株式会社グランディーズを設立、2008年当時のグリーンシート公開基準で日本最速となる17カ月で株式公開。2012年に福岡証券取引所Q-Board市場へ、2014年には東京証券取引所マザーズ市場へ株式上場を果たす。

本書についての
ご意見・ご感想はコチラ

上場がむしゃら物語
建設現場の職人が社長になり、東証マザーズに上場できた理由

2023年1月27日　第1刷発行

著　者　　亀井 浩
発行人　　久保田貴幸

発行元　　株式会社 幻冬舎メディアコンサルティング
〒151-0051　東京都渋谷区千駄ヶ谷4-9-7
電話　03-5411-6440（編集）

発売元　　株式会社 幻冬舎
〒151-0051　東京都渋谷区千駄ヶ谷4-9-7
電話　03-5411-6222（営業）

印刷・製本　中央精版印刷株式会社
装　丁　　弓田和則

検印廃止

Printed in Japan
ISBN 978-4-344-94091-8 C0034
幻冬舎メディアコンサルティングＨＰ
https://www.gentosha-mc.com/